그림책으로 내 삶을 에세이하다 4

/사랑이라는 이름의 울타리, 가족

창조와 지식

그림책으로
　　내 삶을
에세이하다 4

초판 1쇄 발행　2024년 1월 20일

지은이_ 우경하 이은미 이형 김차순 유혜지
펴낸이_ 이은미
펴낸곳_ 도서출판 창조와 지식
디자인 및 삽화_ 유민재
인쇄처_ ㈜창조와지식

전화_ 1644-1814
팩스_ 02-2275-8577

ISBN_ 979-11-6003-848-4
정가 18,000원

이 책은 저작권법에 따라 보호받는 저작물이므로
무단 전재와 무단 복제를 금지하며
이 책 내용을 이용하려면 반드시 저작권자와
도서출판 창조와 지식의 서면동의를 받아야 합니다.
잘못된 책은 구입처나 본사에서 바꾸어 드립니다.

지식의 가치를 창조하는 도서출판　창조와 지식
www.mybookmake.com

그림책으로
내 삶을
에세이하다 4

기획_이은미

/사랑이라는 이름의 울타리, 가족/

그림책을 통해 행복하고 싶은
당신에게 이 책을 전합니다

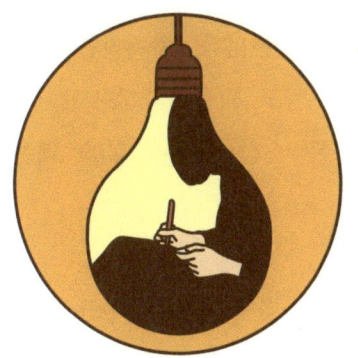

프롤로그

가족이라는 선물

  우리는 각자의 삶 속에서 '가족'이라는 이름을 얼마나 자주 떠올릴까요? 가족은 가장 가까운 존재이면서도, 때로는 가장 멀게 느껴질 때도 있습니다. 함께하는 따뜻한 순간이 있는가 하면, 갈등과 외로움도 피할 수 없지요. 하지만 시간이 지나 돌아보면, 그 모든 순간은 우리 삶을 엮는 중요한 실타래가 되어 있습니다.

  저는 어릴 적부터 엄마 없이 아빠와 단둘이 살았습니다. 누군가는 그게 외롭지 않았냐고 묻곤 합니다. 사실, 어릴 땐 아빠와의 삶이 특별한지도 몰랐습니다. 아빠는 늘 새벽부터 일을 나가셨고, 학교를 마치고 집에 오면 제가 먼저 빈집의 불을 켜곤 했습니다. 그런데도 이상하게, 집이 텅 빈 것처럼 느꺼지진 않았습니다. 저녁이 되면 아빠는 피곤한 몸을 이끌고 들어오셨고, 저는 그런 아빠를 위해 허둥지둥 라면을 끓였습니다. 라면 냄비를 중심으로 마주 앉아 서로의 하루를 나누는 시간이, 지금 생각하면 우리만의 소중한 일상이었습니다.

아빠는 때로는 엄격했지만, 항상 노력하셨습니다. 학교 발표회를 잊지 않고 찾아와주셨고, 운동회 날엔 가장 크게 소리치며 응원하셨습니다. 아빠가 혼자서 얼마나 많은 역할을 감당하고 있었는지 저는 그때는 몰랐습니다. 그러나 시간이 흘러, 라면 냄비 속 김이 올라오던 그 평범한 순간들이야말로 저에게 가족의 의미를 가르쳐주었다는 것을 깨닫게 되었습니다.

이 책은 그림책이라는 창을 통해 가족에 대해 다시 바라보는 여정을 담고 있습니다. 다섯 명의 작가가 저마다의 이야기를 통해 가족과의 관계, 추억, 사랑, 그리고 삶의 의미를 풀어냅니다. 가족은 때로는 빈자리를 품으며, 서로에게 기대어 살아가는 모습 그 자체일지도 모릅니다.

한 장 한 장 넘길 때마다, 당신의 삶에도 담겨 있는 가족의 이야기가 떠오르길 바랍니다. 함께 울고 웃으며, 때로는 홀로

버렸던 순간들까지도요. 가족이라는 이름 아래, 우리 모두는 각자의 특별한 이야기를 가진 채 연결되어 있습니다.

이 책이 당신에게 작은 위로와 공감을 전하며, 가족이라는 선물의 소중함을 다시 한번 느끼길 바랍니다.

이은미
한국미래평생교육원 대표.

목차

프롤로그　6

1장. 가족이라는 울타리, 그 너머의 세상
가족이 가르쳐준 세상의 다채로움 〈이은미〉

가족: 서로 닮고 다르며 함께 성장하는 공동체　16
달빛 속에서 찾은 가족의 보물　21
함께 걷는 길 위에서　25
진정한 가족의 의미를 찾아서　30
가족의 사랑, 자유로 이끄는 길　39

2장. 성장하고 성숙해지는 행복한 우리 가족
그래도 가족이 제일이야 〈우경하〉

모두의 '나'가 가장 소중해　54
나는 딸 둘 가장이다　58
친구처럼 살아가는 우리 가족　62
모든 것은 지나간다　66
각자가 행복한 인생을 산다　70

3장. 내 삶의 주인공은 바로 나!
주인공이 되도록 만들어준 가족 〈이형〉

진정한 아빠가 되던 순간　78

지지와 격려의 힘   83
힘들 때 힘이 되어준 가족   91
부모의 사랑이 우리를 존재케 한다   99
내 인생의 주인공은 바로 나!   105

4장. 언제나 함께하는 가족, 우리는 성장하는 중입니다
가족은요, 보기만 해도 웃음이 나는거예요 〈김차순〉

가족은요, 보기만해도 웃음이 나는거예요   116
어려울 때 우리 가족은 함께 해요   124
시간 속에서 나를 발견하는 시간   129
설렘으로 기다리던 추석, 그 어릴 적 기억으로   137
그리운 엄마의 기다림 '우리의 인생은 기다림이다   143
따뜻한 희망을 피워내는 힘   148
함께 한다는 것은!   153

5장. 사랑으로 묶인 우리, 가족의 시작
서로를 찾아가는 여정, 사랑의 재발견 〈유혜지〉

가족의 추억을 잇는 힘   162
사랑은 떠나도 기억은 영원히   167
사랑의 시간, 그리움의 마법   174
함께라서 더 따뜻한 집, 가족   181
사랑을 낳은 고양이: 예상치 못한 가족   184

에필로그   196

1장

가족이라는 울타리, 그 너머의 세상

가족이 가르쳐준 세상의 다채로움

가족은 서로 닮아
글.그림 장준영
천계의 바람

달빛 조각
글.그림 윤강미
장벽

동행
글.그림 우유수염
단박어린이

하트방구
글.그림 윤식이
스윗나무

하얀 토끼네 가족
글 프란체스카 마스케로니 그림 이사도라 브릴로
미래엔아이세움

돈의 세상에서 어느 날 찾아온 희망이라는 친구를 그림책과 함께 만났다. 지친 일상에 힘이 되고, 용기가 되어준 그림책. 울타리 밖 세상에서 힘들어하는 모든 사람에게 그림책이라는 친구를 소개해 주고 함께 공감하고 소통하며 나누는 나는 마음 여행 메신저이다. 그리고 새로운 세상의 주인공인 사람들과 신나는 그림책 여행을 함께 하며 빛나는 보석이 되었다.

이은미

[저자 소개]
1. 오색발전소 오색그림책방 운영
2. 출판사 [윤슬그림책] 대표
3. 한국미래평생교육원 대표
4. 한국작가협회 부회장 & 포천지부장
5. 한국자서전협회 부회장 & 포천지부장
6. 그림책심리성장연구소 경기1지부장
7. 공동저서 종이책출판 기획 전문
8. 그림동화작가심리지도사 책쓰기코치 양성 중
9. 네이버 검색:그림책코치 이은미 /유튜브 검색: 그림책이은미

이메일: mi2241@naver.com
블로그: https://blog.naver.com/mi2241
저자 연락처: 010-3048-4897

가족: 서로 닮고 다르며 함께 성장하는 공동체

가족은 서로 닮아
글.그림 장준영

천개의 바람

가족은 서로 닮아 (장준영/ 천개의바람)

가족은 우리가 처음 만나는 사회이자, 가장 오랜 시간 함께 하는 공동체다. 장준영 작가의 그림책 『가족은 서로 닮아』는 가족 간의 유사성뿐만 아니라, 함께하는 시간과 감정의 공유가 만들어내는 유대감을 따뜻하게 그려냈다. 이 그림책을 통해 나는 가족의 의미와 함께 성장해 가는 과정을 다시 한 번 돌아보게 되었다.

내가 경험한 사례 중 하나는 나와 남편, 그리고 우리의 두 아이가 공유한 음악 취향이다. 남편과 나는 경쾌하면서 울림이 있는 가요를 좋아해 자주 공연을 관람하고, 집에서도 종종 클래식한 가요 음악을 자주 들었다. 그러던 어느 날, 어린 두 아이가 무심코 클래식한 가요 음악에 맞춰 춤을 추는 모습을 보았다. 아이들의 음악에 대한 애정이 자연스럽게 우리로부터 전해졌다는 것을 느꼈다. 이처럼, 『가족은 서로 닮아』의 윤이와 준이가 부모와 조부모의 영향을 받아 성장하는 모습은 우리 가족의 경험과 닮아 있다.

가족의 유사성은 단순히 유전적인 것만이 아니다. 나와 남편은 서로 다른 배경에서 자랐지만, 서로의 취향과 습관이 자연스럽게 섞여 우리의 아이들에게도 영향을 미쳤다. 이 책에서 윤이가 아빠와의 유사성을 보이거나 준이가 삼촌의 영향을 받는 모습은 이와 같은 과정을 보여준다. 예를 들어, 윤이가 웃을 때 한쪽 눈에만 쌍꺼풀이 생기는 것은 아빠와의 유전적 유사성이며, 준이가 삼촌의 성악 영향을 받아 노래 부르기를 좋아하는 것은 가족의 취향과 경험이 전이된 결과다.

또한, 나와 남편은 아이들이 실수를 했을 때, 각자의 방식으로 반응하곤 한다. 나는 종종 과거의 실수나 어려움을 떠올리며 아이들에게 조언을 해주고, 남편은 차분하게 문제를 해결하려고 한다. 이러한 부모의 행동 패턴은 아이들에게 자연스럽게 전이되고, 그들이 다양한 상황에서 어떻게 반응할지를 형성하는 데 영향을 미친다. 『가족은 서로 닮아』에서 캐릭터들이 부모나 조부모의 행동을 닮아가는 모습은 이러한 행동 패턴의 전이를 시각적으로 잘 표현하고 있다.

하지만 가족 간의 유사성은 단순히 유전적 특성에서 오는 것만은 아니다. 정서적 유대와 공유된 시간은 또 다른 중요한 요소다. 내 가족의 경우, 나와 남편, 아이들이 함께하는 소중한 시간들 식사 시간, 여행, 그리고 다양한 일상 활동은 가족 간의 유대감을 더욱 강화시킨다. 우리의 일상적인 상호작용과 감정 공유는 가족 간의 관계를 더욱 깊고 의미 있게 만들어주며, 이 책이 전하려는 메시지와도 잘 연결된다.

가족의 의미는 혈연에 국한되지 않는다. 나의 오래된 친구들과 그들의 가족과도 비슷한 감정적 유대감을 느끼고 있다. 이들은 법적인 관계나 생물학적 연결이 없지만, 오랜 시간 함께한 경험과 마음을 나눈 결과, 진정한 가족처럼 느껴진다. 『가족은 서로 닮아』는 이러한 비혈연 관계에서도 가족적 유대를 강조하며, 마음을 나누는 관계가 가족의 개념을 확장할 수 있음을 보여준다.

마지막으로, 가족 간의 유사성과 상호작용은 개인의 정체성을 형성하는 데 중요한 역할을 한다. 자아 정체성은 가족과의 관계에서 많은 영향을 받으며, 가족 구성원 간의 감정적 교류와 공감이 자아를 이해하고 형성하는 데 기여한다. 이 책은 가족 간의 유사성과 상호작용을 통해 자아를 이해하고, 감정적 유대를 강화하며, 행동 패턴을 학습하고 가족의 의미를 확장하는 데 어떻게 기여하는지를 잘 보여준다.

장준영 작가는 따뜻하고 밝은 그림을 통해 가족 간의 유사성을 긍정적으로 바라보는 시각을 제공해주었다. 다양한 그림 기법과 색감의 변화를 통해 가족의 따뜻함과 소중함을 시각적으로 표현하며, 긍정적이고 공감되는 경험을 제공한다. 『가족은 서로 닮아』는 나에게 가족의 유사성과 개별성, 그리고 서로의 영향을 받아가며 성장하는 과정을 통해 가족의 의미를 새롭게 되새기고, 가족 구성원 간의 관계와 유대감을 깊이 이해할 수 있는 기회를 제공해 주었다.

달빛 속에서 찾은 가족의 보물

달빛 조각
글.그림 윤강미
창비

달빛 조각 (윤강미/ 창비)

"어쩌면 아주 멋진 걸 보게 될지도 몰라"

 이 평범한 문장은 『달빛 조각』의 시작을 알리는 마법 같은 말이다. 책을 펼치며 그믐밤 숲속으로 떠나는 가족의 여정을 따라가며, 나는 자연 속에서 소중한 순간을 함께 만들어가는 가족의 이야기를 마주하게 된다. 이들의 여정은 단순히 숲속을 걷는 것이 아니라, 그 속에서 감정의 깊이를 새롭게 발견하는 시간이기도 하다.

 아이들과 함께 숲속을 거닐며 자연의 신비로움을 체험하는 이 가족의 여정은 첫 걸음부터 특별하다. 전자 기기에 빠져 지루해하던 아이들이 어두운 숲속에서 별빛을 보며 점차 가족과의 교감을 느끼고, 서로의 손을 잡게 되는 순간은 그 자체로 큰 감동을 준다. 달빛이 사라진 자리를 대신하는 반딧불이들의 반짝임은 단순히 아름다운 자연의 모습 그 이상이다. 그것은 가족이 함께하는 순간의 소중함을 일깨워주는, 가장 빛나는 보물이다.

 이러한 가족의 여정은 가족 심리학에서 말하는 '애착이론'을 떠올리게 한다. 존 볼비(John Bowlby)의 애착이론에 따르면, 아이들은 주양육자와의 안정적인 애착 관계를 통해 정서적 안정감을 느끼고, 세상을 탐험할 수 있는 용기를 얻게 된다. 숲 속에서 별빛을 바라보며, 자연의 소리와 냄새를 느끼며 가족과 함께 시간을 보내는 이 순간들 속에서, 아이들은 부모와의 깊은 애착을 통해 정서적 안정을 얻고, 그 경험이 성장 과정에서 중요한 밑거름이 된다.

이러한 순간들은 자연과의 교감에서 더욱 깊이 드러난다. 밤하늘의 별빛, 호숫가의 개구리 소리, 시원하게 물장구치는 오리 떼 등 자연의 소리는 우리의 마음을 평온하게 하며, 가족 간의 정서적 유대를 더욱 강화한다. 서로의 손을 잡고, 함께 나누는 시간 속에서 얻는 심리적 안정감과 정서적 지지는 가족의 소중함을 일깨우고, 우리에게도 깊은 의미를 준다.

가족과의 정서적 교감을 떠올릴 때, 나와 내 가족의 기억이 떠오른다. 주말 캠핑에서 우리는 자연 속에서의 소중한 시간을 함께 나누었다. 도시의 소음과 분주함을 벗어나 모닥불 앞에서 노래를 부르고, 달고나를 만들어 먹으며 웃고 떠들던 그 시간들은 우리의 가족을 더욱 단단하게 만들어 주었다. 별빛 아래서 나눈 대화와 노래는 단순한 놀이 그 이상이었다. 그것은 서로의 마음을 이해하고, 진정한 유대감을 느끼게 해주는 소중한 순간이었다.

이처럼 가족 간의 유대와 애착은 아이들의 정서적 발달에 있어 중요한 역할을 한다. 가족심리학에서는 부모와 아이 간의 긍정적인 상호작용이 아이들의 자아존중감을 높이고, 사회적 관계를 맺는 데 중요한 기반이 된다고 강조한다. 『달빛 조각』 속에서 가족이 함께 경험하는 소중한 순간들은 이러한 심리적 유대의 중요성을 다시금 상기시켜준다.

윤강미 작가는 어린 시절의 기억과 동경을 담아 『달빛 조각』을 통해 자연과 사람, 가족 간의 관계를 정성스럽게 그려냈다. 자연 속에서 가족이 함께하는 시간은 그 자체로 마음의 위안과 치유를 선사하며, 일상의 소중함과 가족의 의미를 새롭게 발견하게 해준다.

『달빛 조각』은 그믐밤 숲속에서의 작은 기적과 감동을 담은 이야기다. 이 책은 가족 간의 유대감, 자연과의 교감, 그리고 소중한 순간들이 어우러지는 모습 속에서 우리가 일상에서 잊고 지내는 중요한 것들을 다시 한 번 일깨워준다. 우리 모두가 소중한 순간을 간직하고, 긍정적인 마음으로 삶의 아름다움을 더욱 깊이 느끼길 바란다.

함께 걷는 길 위에서

동행
글.그림 우유수염
단비어린이

동행 (우유수염/ 단비 어린이)

『동행』은 가족의 소중함과 그들이 우리 삶에 미치는 깊은 영향을 담담하게 그려낸 아름다운 그림책이다. 이 책은 한 남자의 인생을 그의 소파의 시선에서 바라보며, 가족의 의미와 가치를 되새기게 한다. 처음에 남자는 홀로 살아가지만, 어느 날 소중한 사람을 만나 사랑을 이루고, 아이들이 생기면서 북적이는 가족의 일상이 시작된다. 그러나 시간이 흐르며 아이들이 성장하고 떠나게 되자, 남자는 다시 홀로 남게 된다. 소파도 사람들의 체온을 그리워하게 되지만 이 책은 남자가 혼자일 때도, 그가 진정으로 혼자가 아님을 보여준다. 가족은 눈에 보이지 않더라도, 마음 깊숙이 이어져 있음을 깨닫게 되는 존재다.

나는 어릴 적부터 아빠와 단둘이 지냈다. 엄마의 부재는 나에게 큰 상처였지만, 아빠는 언제나 묵묵히 나를 지켜주었다. 때로는 엄마의 빈자리가 너무 커서 외로웠지만, 아빠의 따뜻한 손길과 사랑은 그 빈자리를 채워 주었다. 아빠는 나를 위해 최선을 다했고, 나 역시 아빠를 기쁘게 해드리고 싶어 열심히 공부하며 자랐다. 그렇게 우리는 서로의 의지처가 되어, 세상을 함께 헤쳐나갔다.

시간이 흘러 나는 한 남자를 만나 사랑에 빠졌다. 그는 나에게 늘 웃음을 주었고, 그의 곁에서는 나의 상처마저 치유되는 것 같았다. 결혼 후, 우리는 서로를 더욱 깊이 이해하게 되었고, 함께하는 삶의 아름다움을 배워갔다. 물론 모든 것이 순탄하지만은 않았다. 처음에는 작은 일로 다투기도 하고, 서로의 차이를 받아들이는 과정에서 많은 어려움을 겪었다. 하지만 그런 시간들조차 우리의 사랑을 더 깊게 만들었다.

그러던 어느 날, 첫 아이가 생겼다는 기쁜 소식을 들었다. 우리는 마치 세상을 다 가진 것처럼 행복했다. 첫째 아이가 태어났을 때, 아이의 작고 연약한 모습에 나도, 남편도 눈물을 흘렸다. 이 아이가 우리에게 주어진 축복이라는 생각에, 우리는 더욱 단단한 가족이 되기로 다짐했다. 첫째가 자라면서 우리의 가정은 웃음소리로 가득 찼고, 부모로서의 책임감도 함께 커졌다.

그러나 행복도 잠시, 둘째 아이가 태어나면서 우리에게는 새로운 도전이 찾아왔다. 둘째는 태어날 때부터 건강이 좋지 않았고, 병원과 집을 오가는 날들이 이어졌다. 나는 매일 불안과 걱정 속에서 지냈고, 남편도 힘든 나날을 보내며 고통스러워했다. 하지만 우리는 서로의 손을 꼭 잡고, 이 어려운 시간을 함께 이겨내기로 했다. 아빠가 나에게 그랬던 것처럼,

나도 이 아이에게 모든 사랑과 정성을 쏟아부었다.

둘째의 병간호를 하면서도 첫째에게 소홀하지 않으려고 노력했다. 가족의 힘이 무엇인지, 서로를 지켜주고 응원하는 것이 얼마나 중요한지 깨달아갔다. 첫째는 어린 나이에도 불구하고 동생을 위해 기도하며, 우리가 슬퍼할 때마다 오히려 힘이 되어주었다. 그렇게 우리는 네 명이 함께 이 고난의 길을 걸어가고 있었다.

시간이 지나면서 둘째의 상태는 조금씩 나아졌고, 우리는 그 작은 변화에도 감사하며 하루하루를 보냈다. 함께하는 시간이 점점 더 소중하게 느껴졌고, 작은 기적들이 쌓여 우리의 마음을 더욱 단단하게 만들었다. 네 명의 가족이 서로를 지켜주며 힘을 모아 극복해 나간 이 과정은 우리에게 진정한 가족의 의미를 가르쳐 주었다.

이제 우리는 모두가 함께하는 시간의 소중함을 알고, 어떤 어려움도 함께 이겨낼 수 있다는 믿음을 가지고 있다. 둘이서 시작된 우리 가정은 이제 네 명이 되어, 서로를 위해 더 깊이 사랑하고 아끼며 살아가고 있다. 어려움을 함께 나누고, 기쁨을 두 배로 키우며 우리는 오늘도 네 손을 잡고, 네 마음을 안고 함께 걸어간다. 이 길의 끝에 무엇이 기다리고 있을지 몰라도, 우리는 서로를 믿으며, 이 길을 계속 걸어갈 것이다. 가족이라는 이름의 사랑과 희망을 가슴에 품고.

그림책 속 남자가 소파와 함께 기쁨과 슬픔을 나누며 살아가듯이, 우리 가족도 함께 걸어가는 길 위에서 모든 감정을 나누며 더 강해졌다. 비록 때로는 외로움과 고통이 찾아오지만, 가족이 함께라면 그 모든 어려움을 이겨낼 수 있음을 알게 되었다. 우리 가족은 그 어떤 순간에도 서로를 지켜주며, 함께 걷는 길 위에서 희망을 찾는다.

이제는 혼자가 아닌 네 명이 함께 걸어가는 이 길 위에서, 나는 『동행』의 마지막 장면을 떠올린다. 혼자인 줄 알았던 남자에게 가족들이 다시 모여드는 순간처럼, 우리 가족도 언제나 함께할 것이다. 기쁠 때나 슬플 때나, 우리는 서로의 곁을 지키며 이 길을 계속 걸어갈 것이다. 가족이란, 결국 우리를 끝까지 함께 걷게 하는 소중한 동반자니까. 이 동행이 끝나는 날까지, 우리는 함께 걷고, 함께 웃으며, 함께 살아갈 것이다.

진정한 가족의 의미를 찾아서

하트방구
글.그림 윤식이
소원나무

하트방구 (윤식이/ 소원나무)

30 그림책으로 내 삶을 에세이하다 4

그림책 『하트방구』는 고구마 가족의 하트방구를 통해 가족 간의 소통과 사랑의 중요성을 이야기한다. 겉으로는 화목해 보이지만, 진정한 교감이 부족했던 고구마 가족이 결국 하트방구의 의미를 되찾는 과정에서 깨닫게 되는 것처럼, 우리 가족의 관계도 서로의 마음을 이해하고 소통하는 과정 속에서 진정한 유대감을 형성해 왔다.

아들과 엄마의 관계가 그렇다. 함께 웃으며 자라는 순간들을 떠올리며 아들과 엄마와의 관계를 생각해 보았다. 아들과 관계는 처음에는 많이 어색했다. 아들은 활발하고 호기심이 많은 반면, 나는 아이를 어떻게 다뤄야 할지 몰라서 늘 조심스러웠다. 하지만 『하트방구』에서 고구마 가족이 서로의 마음을 열고 진정으로 소통하기 시작하자 하트방구가 다시 돌아왔듯이, 우리도 함께 시간을 보내며 점점 더 가까워졌다.

아들이 유치원에 다니기 시작했을 때, 아들과 함께 그림을 그리거나 놀이를 하며 시간을 보냈다. 처음에는 아들이 마음을 쉽게 열지 않았지만, 점차 함께하는 시간이 늘어나면서 아들은 엄마와의 시간을 즐기기 시작했다. 우리는 함께 웃으며 놀았고, 아들이 좋아하는 이야기를 나누며 서로를 이해하는 법을 배웠다. 그 시간들이 쌓이면서, 우리는 서로에게 더욱 소중한 존재가 되었다. 엄마와 아들이라는 관계 속에서 우리는 서로의 마음을 엮어가며 진정한 가족이 되어가고 있었다.

가족 애착 이론은 가족 관계를 이해하는 데 중요한 역할을 한다. 이 이론에 따르면, 어린 시절에 형성된 부모와의 애착 관계가 평생 동안 사람의 감정적 안정감과 대인 관계에 큰 영향을 미친다고 한다. 『하트방구』에서 고구마 가족이 하트방구를 잃어버린 후 다시 찾기 위해 노력하는 과정은, 애착 관계의 중요성을 보여준다. 가족 구성원 간의 애착은 단순히 물리적인 가까움이 아니라, 서로에게 감정적으로 얼마나 연결되어 있는지를 의미한다.

예를 들어, 아들과 엄마의 관계에서 엄마는 아들에게 안정적인 애착의 기반이 되고, 아들은 엄마와의 놀이와 대화를 통해 정서적 안정을 찾고, 이를 바탕으로 자신의 감정을 표현하고 이해하게 된다. 이러한 안정적인 애착 관계는 아들이 성장하면서 다양한 사회적 관계를 형성하는 데 중요한 기초가 된다.

반면 딸바보 아빠와 딸의 관계는 함께 만들어가는 추억들이 안전하고 포근함으로 보여졌다. 딸과 남편의 관계는 특별했다. 딸은 언제나 아빠의 품에서 안전함을 느꼈고, 남편은 딸을 위해 모든 걸 해주려 노력했다. 『하트방구』에서 고구마 가족이 하트방구를 되찾기 위해 다양한 노력을 기울였듯이, 남편은 딸과 함께 추억을 만들어가는 데에 많은 시간을 투자했다.

 어느 날, 남편과 딸은 함께 작은 정원을 가꾸기로 했다. 매일 아침 딸과 아빠는 손을 잡고 정원으로 나가 꽃과 식물들을 돌보았다. 그 과정에서 딸은 자연스럽게 아빠와 대화를 나누었고, 서로의 마음을 나누는 소중한 시간이 되었고, 딸은 아빠와 함께 시간을 보내며 자신만의 작은 세상을 만들어갔다. 그 과정에서 둘은 더욱 가까워졌으며 아빠와 딸이 함께 만들어간 추억들은 두 사람의 관계를 더욱 깊게 만들어주었다.
 이런 딸과 아빠의 관계의 가족 체계 이론은 가족을 하나의 체계로 보고, 그 안에서 각 구성원들이 서로에게 미치는 영향을 설명한다. 이 이론에 따르면, 한 구성원의 변화는 다른 구성원들에게도 영향을 미치며, 가족은 상호작용을 통해 서로의 행동과 감정에 영향을 주고받는다. 『하트방구』에서 고구마 가족이 하트방구를 되찾기 위해 서로 노력하는 과정은 가족 체계 이론을 잘 보여준다. 고구마 가족은 하트방구를 잃었을 때 혼란을 겪지만, 각자 조금씩 변화하며 하트방구를 되찾기 위해 협력한다.

또한 아빠와 딸의 관계에서 아빠는 딸에게 안정감을 주는 존재로, 딸은 아빠와의 시간을 통해 자신의 정체성을 형성하고 감정적으로 성장한다. 아빠가 딸과 함께 시간을 보내며 정원을 가꾸는 활동은 단순한 놀이를 넘어, 딸의 성장과정을 지지하고 돕는 중요한 가족 체계의 일부가 된다.

　마지막으로 항상 궁금한 남매의 관계다. 서로를 이해하며 성장하는 시간이 필요한 만큼 남매 사이의 관계는 때로는 경쟁적이기도 했지만, 결국에는 서로에게 가장 큰 의지가 되는 존재로 성장한다. 『하트방구』에서 고구마 가족이 서로의 마음을 다시 연결하면서 가족의 소중함을 깨달았듯이, 남매도 서로의 다름을 인정하고 존중하면서 더욱 끈끈한 유대감을 형성해 간다.

　어느 날, 큰아이는 동생이 잘하지 못하는 것을 보고 놀리기 시작했다. 그 모습을 보고 남매 사이에 깊은 갈등이 생기지 않을까 걱정했지만, 그때 동생이 누나에게 솔직하게 자신의 감정을 털어놓다. "누나가 놀리면 나도 기분이 안 좋아." 그 말을 들은 누나는 처음에는 당황했지만, 이내 동생의 마음을 이해하기 시작했다. 그 후로 동생에게 좀 더 따뜻하게 대했고, 동생은 누나를 더욱 신뢰하게 되었다. 서로의 감정을 솔직하게 나누고, 상대방의 마음을 이해하는 과정에서 남매의 관계는 더욱 깊어졌다.

사회적 학습 이론에서 보면 사람들이 다른 사람들의 행동을 관찰하고 모방함으로써 새로운 행동을 학습한다. 가족 내에서 부모의 행동은 자녀에게 큰 영향을 미치며, 자녀들은 부모를 통해 사회적 규범과 감정 표현 방식을 배운다. 『하트방구』에서 고구마 가족이 하트방구를 되찾기 위해 서로에게 하트를 보내며 소통하려는 노력은, 자녀들이 부모의 행동을 관찰하고 모방하면서 건강한 소통 방식을 배우는 과정으로 설명될 수 있다.

남매 사이의 관계에서도 사회적 학습 이론은 중요한 역할을 한다. 누나가 동생을 놀리며 갈등이 생길 때, 동생이 자신의 감정을 솔직하게 표현한 후 누나가 그에 따라 행동을 바꾸는 모습은, 동생이 누나의 행동을 통해 감정 표현의 중요성을 배우고, 누나 역시 동생의 반응을 통해 자신의 행동을 조절하는 과정을 보여준다. 이 과정에서 남매는 서로에게 긍정적인 영향을 미치며, 더 성숙한 관계를 형성하게 된다.

이렇게 가족이라는 이름으로 엮여진 마음들은 『하트방구』에서 고구마 가족이 서로의 마음을 나누고 진정한 가족의 의미를 되찾은 것처럼, 우리 가족도 아들, 딸, 남편과 함께 소통하고 이해하면서 진정한 유대감을 쌓아갔다. 엄마와 아들, 아빠와 딸, 그리고 남매 사이의 관계는 단순히 주어진 것이 아니라, 서로의 마음을 엮어가는 과정에서 만들어진 것이다.

이제 우리는 서로에게 더욱 소중한 존재가 되었고, 함께 보내는 시간이 진정한 가족의 의미를 만들어가는 중요한 요소임을 깨달았다. 가족이라는 이름 아래, 우리는 매일 조금씩 더 서로의 마음을 엮어가며 함께 성장하고 있다. 앞으로도 우리의 하트방구는 절대 사라지지 않을 것이다. 서로의 마음을 깊이 이해하고, 진심으로 소통하며, 함께하는 시간 속에서 우리는 계속해서 진정한 가족으로 거듭날 것이다.

가족은 단순히 함께 살아가는 사람들이 아니라, 서로의 마음을 엮어가며 관계를 만들어가는 과정에서 진정한 의미를 발견하게 되는 소중한 존재다. 그림책 『하트방구』와 함께한 이야기 속에서, 우리는 가족이란 단순히 주어진 것이 아니라, 노력과 이해, 그리고 사랑을 통해 만들어지는 것임을 배운다. 함께하는 시간이 곧 사랑이기 때문이다.

가족의 진정한 의미는 특별한 순간이나 사건에서만 발견되는 것이 아니다. 평범한 일상 속에서, 서로의 마음을 나누고 함께하는 시간들이 모여 가족이라는 유대감을 형성한다. 『하트방구』에서 고구마 가족이 하트방구를 되찾기 위해 함께 시간을 보내며 노력했던 것처럼, 우리도 일상에서 가족과 함께 시간을 보내고, 서로의 마음을 나누는 것이 중요하다. 가족 간의 소통은 시간과 노력을 통해 이루어지며, 그 속에서 진정한 사랑과 유대가 자라난다.

　그렇게 서로의 다름을 이해하고 존중한다. 가족 구성원들은 각기 다른 성격과 생각을 가지고 있다. 이러한 다름은 때로 갈등을 일으킬 수 있지만, 서로를 이해하고 존중하려는 노력 속에서 우리는 더욱 단단한 가족으로 거듭날 수 있다. 아들과 엄마, 아빠와 딸, 그리고 남매의 관계에서 우리는 각기 다른 역할과 기대가 존재하지만, 그 안에서 서로의 다름을 인정하고 존중하는 것이 진정한 가족 관계를 만들어 간다.

　결국 사랑은 표현하는 것이다. 사랑은 마음속에만 담아두는 것이 아니라, 적극적으로 표현할 때 비로소 진정한 힘을 발휘한다. 『하트방구』에서 하트방구는 사랑의 상징이며, 이를 되찾기 위해 가족이 함께 노력하는 모습은 사랑을 표현하는 중요성을 보여준다. 가족 간의 사랑은 작은 행동과 말 한마디에서 시작된다. 서로를 아끼고 사랑하는 마음을 표현할 때, 우리는 가족의 소중함을 더욱 깊이 느낄 수 있다.

이런 가족은 우리의 마음을 비추는 거울이다. 가족은 우리의 삶에서 가장 가까운 거울과 같다. 그 거울 속에서 우리는 자신의 모습뿐만 아니라, 가족 구성원들의 모습을 통해 서로를 이해하고 성장해 나간다. 가족 간의 관계는 그 자체로 완벽하지 않을 수 있지만, 함께하는 시간과 노력을 통해 우리는 서로의 마음을 엮어가며 진정한 유대감을 형성해 나갈 수 있다.

우리는 서로의 다름을 존중하고, 사랑을 표현하며, 함께하는 시간을 소중히 여길 때, 가족이라는 이름 아래 진정한 행복을 찾을 수 있다. 가족은 우리의 삶 속에서 가장 소중한 존재이며, 그 의미는 우리가 서로를 얼마나 깊이 이해하고 사랑하는지에 달려 있다. 이러한 메시지를 통해, 가족이라는 특별한 관계를 다시 한 번 되새기고, 우리의 삶 속에서 더욱 소중히 여겨야 할 것이다.

가족의 사랑, 자유로 이끄는 길

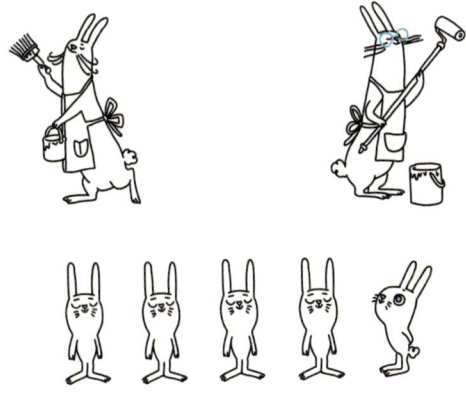

하얀 토끼네 가족
글 프란체스카 마스케로니 그림 이사도라 브릴로
미래엔아이세움

하얀 토끼네 가족 (프란체스카 마스케로니/ 미래엔아이세움)

프란체스카 마스케로니의 그림책 『하얀 토끼네 가족』은 시선을 사로잡는 밝고 독특한 그림체로, 주인공 알베르토의 모험과 성장을 다루고 있다. 알베르토는 하얀 엄마 토끼와 아빠 토끼, 그리고 하얀 형제들과 함께 새하얀 집에서 살고 있으며, 모든 것이 하얗고 깨끗해야 한다는 규칙 속에서 생활하고 있다. 그러나 뒷마당 덤불 속에서 회색 토끼를 만나면서 알베르토의 세상은 완전히 달라지기 시작한다.

알베르토는 자신이 알고 있던 세상 밖으로 나아가 새로운 친구와 함께 뛰어다니며, 세상의 색채와 다채로운 모습을 발견하게 되고, 이런 과정을 통해 규칙에 얽매여 있던 자신의 한계를 넘어서고, 다양한 세계와 경험을 통해 성장하게 된다. 이 이야기 속에는 모험과 놀이의 즐거움, 그리고 다양한 시각과 태도로 세상을 바라보는 법을 배워가는 중요한 메시지가 담겨 있다. 마스케로니는 단정하면서도 개성이 뚜렷한 귀여운 드로잉과 하얀 색감과 강렬한 색채의 대비를 통해 시각적인 즐거움을 선사한다. 이 책은 자신의 세상을 넓히고, 새로운 경험을 통해 성장하는 것이 얼마나 중요한지 깨닫게 해주는 따뜻하고 유쾌한 이야기다.

프란체스카 마스케로니의 그림책 『하얀 토끼네 가족』은 가족의 사랑과 관심이 주는 경험을 주제로 한 깊은 메시지를 담고 있다. 알베르토는 모든 것이 하얗고 깨끗해야 한다는 엄격한 규칙 속에서 자랐고, 하얀 엄마 토끼와 아빠 토끼는 알베르토와 형제들에게 늘 세탁과 청소, 목욕의 중요성을 강조하며 완벽하게 하얀 삶을 유지하도록 요구한다. 가족의 사랑은 때로는 규율과 보호로 나타나며, 아이들에게 안전과 질서감을 준다. 그러나 동시에, 알베르토처럼 규칙 속에 갇힌 아이는 자율성과 자기 표현의 중요성을 깨닫기 어렵다.

그러던 어느 날, 알베르토가 뒷마당에서 회색 토끼를 만난다. 둘의 만남은 단순한 우연이 아니었다. 알베르토에게 이 만남은 규칙에 얽매이지 않은 자유로운 존재를 처음으로 접하는 순간이었고, 가족의 품 안에서 벗어나 새로운 세상을 탐험할 수 있는 기회를 주었다. 회색 토끼와의 모험은 알베르토가 규칙에 의해 정해진 세계를 벗어나 자신만의 경험을 통해 세상을 배우게 한다. 가족의 보호 속에서 자란 알베르토는 이제 스스로 세상을 탐험하고, 새로운 시각으로 다양한 삶의 모습을 받아들이기 시작한다.

가족의 사랑이 완벽함을 강요하는 것이 아니라, 아이가 자신만의 색을 찾고 표현할 수 있도록 돕는 데 있다는 것이다.

알베르토의 부모는 처음에는 엄격한 규칙을 통해 자녀를 보호하려 했지만, 알베르토가 더 넓은 세상으로 나아가 성장하는 과정을 통해 더 큰 사랑과 이해의 시각을 배울 수 있었다. 가족의 사랑은 자녀를 보호하고 지켜주는 동시에, 그들이 스스로 성장할 수 있도록 공간을 주는 것이기도 하다. 알베르토가 회색 토끼와 함께 세상의 다채로움을 경험하고 자신의 색을 찾아가며 성숙해지는 과정은 결국 가족이 아이에게 줄 수 있는 최고의 선물이 무엇인지를 보여준다.

그것은 바로 아이가 스스로 선택하고, 실패하며, 배우고, 성장할 수 있는 자유와 기회를 주는 것이다. 결국, *하얀 토끼네 가족*은 알베르토의 모험과 성장을 통해 가족의 사랑이란 단순히 보호와 규율이 아닌, 아이가 자신만의 길을 찾고 나아가도록 격려하는 열린 마음임을 깨닫게 한다. 가족의 관심과 사랑은 아이가 더 넓은 세상으로 나아갈 수 있는 힘을 제공하며, 그 사랑 속에서 아이는 진정한 자신을 발견하고, 새로운 세상을 향해 용기 있게 나아갈 수 있게 되는 것이다.

또한 알베르토의 가족은 모든 것이 하얗고 깨끗해야 한다는 강박적인 규칙을 통해, '완벽함'을 추구한다. 흔히 말하는 '완벽주의'의 특성과 일맥상통하다. 부모의 과도한 보호와 통제는 아이에게 안정감을 줄 수 있지만, 동시에 개인의 자율성과 창의성을 억압할 수 있다. 알베르토는 이러한 가족 규칙 속에서 자신을 잃고, 세상을 흑백의 관점에서만 보게 된다. 아이의 자아 형성이 억제되고, 외부의 시선을 지나치게 의식하며 자기 표현이 제한될 때 발생하는 심리적 문제를 야기한다.

그러나 알베르토가 회색 토끼를 만나는 순간은 마치 프로이트의 심리학에서 말하는 '무의식의 발견'처럼 작용한다. 회색 토끼는 알베르토가 미처 알지 못했던 내면의 욕망과 자유로운 자아를 상징하고, 알베르토는 처음으로 자신이 처한 세상의 경계를 넘어, 자신의 본능적 욕구와 호기심을 충족시키는 경험을 하게 된다. 이를 통해 알베르토는 억압된 자아를 해방시키고, 새로운 정체성을 구축해 나가는 중요한 전환점을 맞이한다. 이 과정은 '개인화'의 단계로, 아이가 독립적 자아를 형성해 나가는 과정과 유사하다.

이런 알베르토의 경험은 사회적 다양성과 다원성을 받아들이는 과정이기도 하다. 알베르토는 단일한 규칙과 가치만을 받아들이며 자라왔지만, 회색 토끼와의 만남을 통해 세상에는 다양한 색채와 삶의 방식이 존재함을 깨닫게 된다. 이는 현대 사회가 강조하는 다양성의 중요성과도 연결되며, 개인이 성장하기 위해서는 자신과 다른 타인의 존재를 인정하고, 이를 통해 자신만의 독특한 길을 찾아가는 것이 필요하다는 것을 이야기할 수 있다.

우리주변에서 흔히 볼 수 있는 사례를 든다면 과잉 보호 속에 자란 아이 준이는 부모의 과도한 사랑과 보호 속에서 자란 아이다. 준이의 부모는 늘 "위험하니까 하지 마라", "다칠까 봐 걱정된다"며 준이의 행동을 제한했다. 준이는 항상 정해진 시간에 밥을 먹고, 깨끗하게 씻고, 정돈된 방에서 생활해야 했다. 부모는 준이가 다칠까 봐 친구들과 놀이터에 가는 것조차 꺼렸고, 어떤 활동을 하든 지나치게 걱정했다. 이러한 보호는 겉으로는 사랑의 표현처럼 보이지만, 준이에게는 자신이 무엇을 하고 싶은지 알 기회를 빼앗기는 결과를 낳았다.

준이는 점차 외부의 세계를 두려워하게 되었고, 자신의 결정이나 선택에 대한 불안감을 느끼게 되었다. 학교에서 그림을 그리거나 발표를 할 때도 "잘못하면 안 된다"는 압박감에 시달리며, 자기가 진정으로 무엇을 좋아하는지조차 모르게 되었다. 이러한 심리 상태는 준이에게 낮은 자존감과 자신감 결여를 초래했다. 하지만 어느 날, 준이는 학교에서 열린 미술 수업에서 자유롭게 그림을 그려보는 시간을 갖게 되었다. 선생님은 "틀려도 괜찮아, 그냥 네가 하고 싶은 대로 그려봐"라고 격려했다.

 준이는 처음엔 망설였지만, 점차 자신이 그리고 싶은 것을 표현하면서 새로운 즐거움을 느꼈다. 이 경험을 통해 준이는 자기 표현의 중요성과 새로운 도전에 대한 자신감을 가지기 시작했고, 부모 역시 준이의 새로운 모습을 보며 과잉 보호를 줄이고 자율성을 더 존중하게 되었다. 이 사례는 알베르토가 회색 토끼를 만나면서 느끼는 해방감과 성장을 잘 반영했다. 부모의 지나친 보호와 통제가 아이의 자율성과 자기 표현을 억압할 수 있지만, 적절한 경험과 지지가 주어질 때 아이는 자신을 발견하고 성장할 수 있게 한다.

 다음은 다양성을 받아들이는 경험의 중요한 사례다, 리아는 매우 전통적인 가정에서 자랐다. 가족은 특정한 문화와 가치관을 고수하며, "우리 가족은 이렇게 해야 해"라는 말을 자주 했다. 리아는 항상 가족의 기대에 부응해야 한다는 압박감을 느꼈고, 가족의 규칙에 맞춰 자신의 행동을 조절했다. 그러나 어느 날, 학교에서 다양한 배경을 가진 친구들과 프로젝트를 하게 되었고, 그 과정에서 다른 문화와 생활 방식을 접하게 되었다. 처음에 리아는 친구들이 다르게 행동하는 것이 불편하고 낯설었지만, 점차 그들이 가진 독특한 경험과 관점에 흥미를 느끼기 시작했다.

예를 들어, 리아는 자신이 좋아하는 음식을 친구들과 나누며 서로의 문화에 대해 이야기하는 시간을 통해, 다양한 세계관이 존재한다는 것을 깨닫게 되었고, 이를 통해 리아는 자신이 꼭 가족의 규칙에만 따라야 하는 것이 아니라, 다양한 가치관을 존중하고 새로운 시각을 받아들이는 것이 가능하다는 것을 배웠다. 리아의 변화는 알베르토가 회색 토끼와의 만남을 통해 새로운 색채와 가능성을 발견하는 것과 유사하다. 다양한 경험은 아이들이 자신만의 시각을 형성하고 세상을 더 넓게 바라볼 수 있게 하는 중요한 기회를 제공한다.

마지막으로 아이의 자율성을 존중하는 부모의 사례다. 민호의 부모는 아이가 스스로 선택하고 실패해 보는 경험의 중요성을 잘 알고 있었다. 예를 들어, 민호가 축구를 하고 싶어 했을 때, 부모는 "힘들지 않겠어?"라며 걱정하지 않고, 오히려 "축구를 하면서 재미있는 점은 뭐니?"라며 민호의 열정을 응원했다. 민호가 가끔 경기에서 지고 실망할 때도, 부모는 "괜찮아, 중요한 건 네가 축구를 좋아하고 열심히 한다는 거야"라고 말하며 격려했다.

이러한 격려와 지지 덕분에 민호는 자신이 선택한 일에 대해 책임감을 느끼고, 실패를 두려워하지 않는 태도를 배울 수 있었다. 부모의 사랑은 민호의 자율성을 존중하고, 스스로 결정할 수 있도록 돕는 방식으로 표현되었다. 민호는 이러한 경험을 통해 자신감을 키우고, 도전하는 즐거움을 알게 되었다. 이 사례는 알베르토가 새로운 세상을 탐험하고 다양한 색을 발견하며 성장해 나가는 과정과도 연결된다. 부모의 열린 사랑과 관심은 아이가 자신의 가능성을 발견하고, 다양한 경험을 통해 성숙해질 수 있도록 도와준다.

가족의 사랑과 관심은 자녀의 자아 형성과 성장에 매우 중요한 역할을 한다. 그러나 그 사랑이 지나치게 통제적이거나 규칙적일 때, 아이는 자신을 억압하게 되고, 그로 인해 심리적 갈등을 겪을 수 있다. 반대로, 알베르토가 경험한 것처럼, 자유와 다양성을 경험할 기회를 가질 때 아이는 더욱 건강하고 균형 잡힌 자아를 형성하게 된다.

『하얀 토끼네 가족』은 이처럼 사랑과 관심이 자녀의 성장에 긍정적으로 작용하려면, 그 사랑이 자유와 선택의 기회를 주는 열린 마음으로 표현되어야 한다는 심리적 인문학적 메시지를 전달한다. 이는 곧 자녀가 다양한 경험을 통해 세상의 복

잡성과 다채로움을 이해하고, 자신만의 독특한 자아를 형성해 나갈 수 있도록 돕는 것이 진정한 가족의 사랑임을 일깨워 준다.

가족은 우리 삶의 가장 소중한 동반자다. 기쁨과 슬픔, 성공과 실패, 모든 순간을 함께 나누며 우리를 지탱해 주는 존재다. 때로는 가족의 중요성을 잊고 살아가기도 하지만, 어려움 속에서 가장 큰 힘이 되어주는 것이 바로 가족이다. 혼자일 때도 우리는 결코 혼자가 아니며, 마음 속 깊이 서로 연결되어 있는 가족이 있기에 우리는 더 강해질 수 있다.

이 책과 이야기를 통해, 자신의 가족을 다시 한번 소중히 여기고, 그들과 함께하는 모든 순간을 감사히 여길 수 있기를 바란다. 가족은 우리를 끝까지 지켜주는 동행자이며, 우리가 걸어가는 인생의 길 위에서 가장 큰 축복임을 기억하시길 바란다. 나의 가족은 나에게 그런 존재이다.

쿵쿵이와 나
글·그림 프란체스카 산나
창비

우리 집에는 괴물이 우글우글
글 홍민정 그림 이혜리
보림

아빠 자판기
글·그림 조경희
노란돼지

폭풍이 지나가고
글·그림 댄 야카리노

폭풍이 지나가고
글 파암 에브라히미 그림 레차 달반드

2장

성장하고 성숙해지는 행복한 우리 가족

그래도 가족이 제일이야

나를 몰라 힘들었던 결핍과 질문, 마음 관찰, 글쓰기로 나를 알았던 경험을 통해 [나연구소]를 설립했다. 모두가 진짜 나, 최고의 내가 되는 세상을 꿈꾸고 있다. 1인 기업 사업자, 작가, 강사로 활동하고 있으며 전자책 출판 코칭과 강의, 공동저자 출판 프로젝트 리얼시리즈를 통해 책 출판이 필요한 사람들의 성장을 돕고 있다. 지금은 전자책출판지도사, 자서전출판지도사 책 쓰기 코치 자격증 과정을 통해 사람을 리더로 세우고 있다. "당신이 가장 소중합니다." "책은 보는 것이 아니라 쓰는 것이다." "1인 기업이 가장 거대한 기업이다." 이 3가지 메시지를 세상에 글, 강의, 책, 영상, 프로그램 등으로 전하고 있다.

우경하

[저자 소개]
1. 나연구소 대표
2. 인생이변하는서점 대표
3. 도서출판 등 이사
4. 한국자서전협회장
5. 한국작가협회 초대회장
6. 닉네임 100권작가
7. 1인 기업가, 작가, 강사, 블로거, 유튜버
8. 네이버 검색: 우경하 / 유튜브 검색 : 나연구소

이메일: dancewoo@naver.com

블로그: https://blog.naver.com/dancewoo

저자 연락처: 010-7533-3488

모두의 '나'가 가장 소중해

쿵쿵이와 나
글.그림 프란체스카 산나

창비

쿵쿵이와 나 (프란체스카 산나/ 창비)

그림책 『쿵쿵이와 나』는 주인공 여자아이가 자신의 마음을 알아차리고 자기 자신과 친해지는 이야기다. 아이는 마음이라는 눈에 보이지 않는 존재를 쿵쿵이로 표현하면서 다양한 감정과 속마음을 자연스럽고 솔직하게 잘 표현한다는 생각이 들었다. 성인인 나도 공감하면서 글을 읽고 그림을 보았다.

물풍선처럼 생긴 쿵쿵이의 모습과 표정은 책을 두 번째 보았을 때 자세히 보였다. 우리의 마음을 내면 아이라고도 표현하는데, 나도 주인공처럼 내 안의 나를 만난 경험이 있기에 이런 내용과 이야기들에 매우 반가운 마음이 든다.

사람은 자기 마음의 소리를 들으며 살아야 행복한 인생을 살 수 있다. 내 마음을 알아야지만 내가 무엇을 원하는지 알 수 있기 때문이다. 과거의 나는 여러 가지 환경적인 원인들로 내 마음의 소리를 듣지 못하고 살았고 행복하지 않은 내 인생으로 혼란과 방황을 경험했다.

나는 유교문화의 중심지인 안동의 풍산읍이란 작은 읍내 마을에서 태어났다. 왠지 모를 엄숙한 분위기와 일방적이고 주입식인 학교 교육은 늘 나를 소심하고 내성적인 사람으로 만들었다. 특히 장남은 잘해야 한다는 소리를 자주 들었고 그런 기대는 내 마음을 불편하고 마음을 무겁게 했다. 우리 집은

농약 장사를 해서 집에 어른 손님들이 많았는데, 왠지 같은 공간에 있는 것만으로도 어색하고 불편했다.

엄마 아빠도 무뚝뚝한 성격이어서 가족 간에 대화가 많지 않았고 마음을 나누는 진솔한 대화들을 해본 기억이 거의 없다. 여러 이유로 자존감이 낮았고 남들의 눈치를 많이 보았다. 착한 사람, 좋은 사람 콤플렉스가 심했고 남의 말을 잘 듣는 게 최고의 가치라고 나도 모르게 믿고 오랜 시간을 살았다. 그러다 보니 사람들 앞에서 생각과 감정을 잘 표현하지 못했고 거절을 못하는 사람이었다. 왠지 싫은 내색을 하면 안 될 것 같았고 나는 늘 좋은 사람이 되어야 한다고 생각했다. 그럴수록 내 마음은 더욱 불편해져만 갔다. 지금은 이런 많은 것으로부터 자유로워졌지만 예전엔 참으로 힘들었었다.

내가 태어난 80년대는 지금과 분위기가 많이 달랐다. 먹고 사는 것이 힘들고 빠듯하던 시절이었다. 부모들 또한 지금 우리처럼 많은 교육을 받지 못했고 일도 많았다. 시골이라 가정 교육에 지금처럼 많은 신경을 쓸 여유가 없었다. 우리 집 또한 그런 분위기였기에 가족 간에 대화가 많거나 서로 속마음을 깊이 터놓고 대화를 나누는 살가운 분위기가 아니었다. 그런 분위기 속에서도 나는 답답함을 많이 느꼈다. 친구 집에 놀러 갔을 때 가족 간에 친밀해 보이고 대화가 잘 이어지는 상황을 보거나 TV에서 화목해 보이는 장면을 보면 부러웠다.

나이가 들면서 삶의 다양한 모습을 경험하고 모든 일에는 동전의 양면, 빛과 그림자, 장점과 단점이 있음을 알게 되었다. 많은 것을 받아들이는 균형 있는 시각을 가지게 되면서 삶이 예전에 비해서 편해졌다.

책에 이런 말이 나온다. [나는 누구도 알 수 없고 아이들도 나를 알 수 없어] 그렇다. 10길 물속은 알아도 한 길 사람 속은 모른다는 말처럼 가장 어려운 것은 사람의 마음을 알고 읽는 것이다. 남의 마음도 어렵지만 무엇보다 자기 마음을 아는 것이 가장 어려우면서도 또 중요한 일이다. 그렇기에 나를 아는 것이 무엇보다 중요하고 필요하다. 나를 몰랐던 결핍과 나를 알아갔던 경험으로 지금은 나의 소중함을 전하는 일을 행복하게 하고 있다.

나는 딸 둘 가장이다

우리 집에는 괴물이 우글우글
글 홍인순 그림 이혜리

보림

우리 집에는 괴물이 우글우글 (홍인순/ 보림출판사)

'어쩌다 보니 어른'이라는 TV 프로그램 제목처럼, 어쩌다 보니 누군가의 남편, 한 집안의 가장, 두 딸의 아빠가 되었다. 이미 내 인생에서 운명처럼 예정되었던 일이었을까 아니면 모두 내 선택의 결과일까? 잘은 모르겠지만 내게 주어진 모든 것에 만족하고 감사하다. 가족이기에 서로를 감싸고 보듬어 주려고 한다. 하지만 때때론 이해할 수 없는 행동과 말들로 싸우기도 하고 서로에게 상처를 주기도 한다. 그럴 땐 시간이 많은 것을 해결해 줄 것이라는 생각을 해본다.

사람은 시간이 지날수록 인생에서 배움을 얻는다. 다양한 경험과 시행착오를 겪으면서 성숙해 가고 삶의 지혜들을 배워 나간다. 이건 어른도 아이도 마찬가지다. 그림책 『우리 집에는 괴물이 우글우글』은 아이가 가족들을 괴물로 표현한다. 언뜻 괴물이라는 단어가 이상하게 느껴지기도 하지만, 괴물이라는 의미가 외모를 말하는 게 아니라 이해할 수 없는 행동을 표현한다면 이해가 되기도 한다.

첫 번째 괴물은 지독한 방귀를 뀌는 아빠다. 아빠들은 사회생활을 하기에 밖에서는 생리현상이 방귀를 시원하게 뀌기 어렵다. 집에 오면 긴장도 풀리고 편안한 가족들 앞이기에 자유롭게 방귀를 뀐다. 나도 그러하다. 두 번째 괴물은 껍질을 벗기는 괴물이다. 아이의 옷을 갈아입히고 씻기는 엄마를 표현한 것 같다. 욕조가 없던 어린 시절 빨간색 다라이통에 따뜻한 물을 받고 엄마가 때 타올로 씻겨주던 기억이 났다. 너무 세게 밀어서 몸이 빨개지고 아팠었다. 엄마가 "까마귀가 친구 하자고 하겠다"며 말했던 기억도 났다. 세 번째 괴물은 귀찮게 꼭 붙어서 떨어지지 않는 괴물이다. 자신을 따라다니며 귀찮게 하는 동생을 표현한 듯하다. 그리곤 주인공은 괴물들을 피해 자신만의 포근한 보금자리에서 잠이 든다.

나의 아내는 결혼 후 아이들이 어릴 때부터 작년까지 일을 했었다. 동네에서 부업을 구한다는 전단지를 보고 가서 미싱 집에서 헤어 악세사리를 만드는 일을 했다. 손재주가 있던 아내는 일이 재미있다며 꾸준히 했고 성격이 좋아서 여자 사장님들과도 친하게 지냈다. 몇 년이 지났고, 사장님이 일거리를 줄 테니 독립을 해보라고 했다. 그래서 아파트 상가 지하에 조그만한 부업장을 차렸다. 미싱을 사고 동네 아주머니들을 불러서 악세사리를 만드는 일을 했다. 일이 많을 때는 10여 명이 오고 가고 했고 저녁 늦게까지도 일을 했다. 그렇게 10년 넘게 일했다. 빠듯한 생활에 그래도 맞벌이로 조금은 여유 있게 아이들을 키우고 살림을 늘려나갔다. 그러다 작년에 한 3개월 동안 일이 없었다. 월세도 부담이 되고 집에서 살림하며 아이들을 잘 돌보고 싶다며 일을 그만두었다. 혼자 벌어야 해서 부담이 되긴 했지만, 아내의 마음도 이해가 되었다. 사춘기 아이들에겐 엄마의 손길과 챙김이 더욱 필요한 시기임을 공감한다. 큰 애는 중1 작은 애는 초등학교 5학년이다. 흔히 말하는 사춘기를 지나고 있다. 조금은 절정기를 지나 한풀 꺾여 가는 듯하다. 어느 집에나 그렇겠지만 아이들이 커가며 다양한 일을 경험하고 헤쳐내고 가슴을 쓸어내기도 했다.

기억에 남는 일은 개성이 강한 둘째 아이가 학교에서 다른 아이와 싸운 일로 학교폭력위원회에 신고당한 일이다. 처음 겪는 일이라 많이 놀란 아내와 나는 다음 날 선생님을 만나 교육청 조정위원에 참석하기도 했다. 누구의 잘못이라고 보기 힘든 흔한 아이들의 싸움에 이렇게까지 해야 하나 하는 안타까운 생각도 들었다. 큰 애도 가끔은 잘못된 친구를 만나 물이 들었다고 해야 하나? 어느 날 편의점에서 물건을 훔쳤다고 경찰서에서 연락이 왔다, 가슴이 철렁했다. 책을 보면 드는 생각은 모두가 잠시나 괴물이 되었다가 사람이 되기도 하면서 우리는 성숙하고 어른이 되어간다는 것이다.

친구처럼 살아가는 우리 가족

아빠 자판기
글.그림 조경희
노란돼지

아빠 자판기 (조경희/ 노란돼지)

직장 생활을 15년간 해오며 나름대로 열심히 일했고 회사에서 인정도 받았다. 하지만 깨달은 것은, 직장은 나를 책임져주지 않는다는 사실이었다. 결국 내 인생은 내가 책임져야 하는 것이었다. 더 나은 내가 되고, 내 인생의 주인이 되기로 결심한 나는, 용기를 내어 나이 40에 퇴사했다. 그 후로 책 쓰기 코치로서 1인 지식 기업가로 활동한 지 4년이 되었다.

초반에는 확고한 콘텐츠와 수익 모델이 없어서 힘들었지만, 지금은 다양한 책 쓰기 프로그램을 운영하며 어느 정도 안정화되었다. 지금의 일은 좋고 하고 싶은 일을 하고 있기에 만족스럽고 행복하다. 내 일은 나 자신이 매 순간 성장하는 일이자 많은 분의 꿈인 책 출판을 이루어주는 일이기에 매우 보람 있고 성취감이 크다. 내가 다양한 마음 공부와 철학, 삶의 지혜 탐구 등을 통해 배운 것 중 하나는 균형과 조화의 중요성이다. 하나를 얻으면 다른 하나는 잃는다는 자연의 법칙도 깨달았다.

1인 기업 초기, 아이들은 초등학생 저학년이었고 부모의 손길과 함께하는 시간이 필요한 시기였다. 사업 성장을 위해 아이들과 놀아주고 함께 시간을 많이 가지지 못해 미안하고 아쉬움이 남는다. 나도 아내도 일이 중요한 시기라 아이들과 많은 시간을 보내지 못했다. 이젠 조금 여유가 생겨 함께하려고 하는데 아이들은 우리와의 시간보다 친구들을 더 좋아하는 나이가 되어버렸다. 이는 자연스러운 일이다. 예전의 나도 그랬으니까.

지금은 퇴근 후 잠깐 얼굴을 보고 가끔 시간을 내서 주말 등에 외식을 하거나 쇼핑, 운동, 여행 등을 통해 아이들과 함께 시간을 보내고 있다. 그림책 『아빠자판기』는 아빠가 자기와 잘 놀아주고 많은 시간을 함께하길 바라는 아이의 마음을 솔직하게 잘 표현하고 있다. 아이는 말한다. "아빠 미워, 맨날 약속도 안 지키고, 늦게 일어나고, 요리도 안 하고, 우리 아빠 아니야!" 아마 많은 아빠가 그랬을 것이다. 생각과 마음이 없는 게 아니라, 한 집안의 가장으로 많은 것을 책임져야 하는 입장이고 일에 더 많은 에너지와 시간을 쓰다 보니 집에 오면 편하게 쉬고 싶다. 가끔 일도 잘하고 아이들과도 잘 놀아주는 아빠들을 보면 신기하게 느껴지고 대단하다고 생각든다. 아이들과 잘 놀아주는 아빠를 만능 자판기로 표현한 작가의 상상력이 참신합니다. 원하는 버튼을 누르면 바로 이루어진다니 말입니다. 메뉴는 스포이트맨(스포이트로 어항의 똥을 치워주는 놀이), 요리맨, 슈퍼맨, 펜트맨, 게임맨, 자유맨이다. 버튼을 누르면 아빠가 튀어나와서 원하는 놀이를 함께 해준다. 정말 이런 아빠가 있다면 아이들 입장에서는 참 좋을 것이다. 아이들이 이젠 외모에 관심이 많은 나이가 되었다. 방을 보면 책보다 거울을 비롯한 화장용품이 더 많다. 화장한 모습을 보면 조금은 어색하기도 하고 예쁘다는 생각도 든다. 그 나이는 본연의 모습이 가장 예쁠 나이이기도 하니까. 아이들이 제일 반기는 때는 역시나 용돈을 줄 때이다. 돈을 받으면 친구들과 롤러장, 노래방, 맛집, 옷 가게 등을 다닌다. 확실히 문화를 접하는 속도가 우리 때와 비교하면 훨씬 빠르다. 온라인의 발달과 유튜브 시청 등으로 다양한 정보를 손쉽게 얻으니 말이다.

내가 해야 할 일은 열심히 일하고 많이 벌어서 아이들에게 더 많은 용돈을 주는 것이라는 생각도 든다. 큰 딸 정민이는 동갑인 아내와 내가 30살에 태어났다. 주변을 보면 일찍 결혼해서 빨리 아이를 낳아 부모와 나이 차이가 얼마 안 나는 경우도 있고, 늦게 낳아 차이가 많이 나는 경우도 있다. 각자 장단점이 있지만, 차이가 적은 것이 좀 더 좋다고 생각한다. 같이 다니면 보기가 더 좋으니까. 나이가 들어도 모두가 친구처럼 지내는 가족이 되고 싶다.

모든 것은 지나간다

폭풍이 지나가고
글.그림 댄 야카리노

폭풍이 지나가고 (댄 야카리노/ 다봄)

인생을 살다 보면 누구나 어려움과 위기를 겪는다. 가정을 봐도 건강, 경제적 문제, 관계들로 다양한 어려움을 맞이한다. 작년에 아내가 길을 가다 갑자기 주저앉았다. 둘째 아이와 안경을 맞추러 나가고 얼마 안 있다 전화가 왔다. 길을 가다 머리가 어지러워 걸을 수 없다고 빨리 와보라고 했다. 평소 건강했기에 장난을 치나 싶었다. 차를 타고 갔는데 모습이 보이지 않아 다시 전화하니 모르는 사람이 아내의 전화를 받아 위치를 설명해 주었다. 그제야 상황의 심각함을 인지했다.

  가보니 아내가 길가에 앉아 있었고 둘째 아이가 부축하고 있었다. 무슨 일이냐고 물어보니 엄마가 잘 걸어가다가 갑자기 주저앉았다고 했다. 아내는 정신력이 흐려진 듯 보였고 머리가 어지럽다고 했다. 쌍문역 앞에 있는 병원에 갔다. 그곳에선 정확한 병명을 알기 어려우니 큰 병원에 가라고 해서 종합 병원인 한일병원에 갔다.

  병원에서는 뇌경색이라고 했다. 놀랐다. 몇 년 전부터 테니스를 치며 운동도 열심히 하고 있고 아직 젊은데 뇌경색이라니? 이해가 되지 않았다. 혈관을 넓히는 수술을 해야 해서 입원을 했다. 중환자실에서 해야 한다고 해서 겁이 났다. 10일가량 병원에 있어야 한다고 해서 내 마음이 분주해졌다.

일을 하면서 병원에 있는 아내와 아이들도 챙겨야 했다. 늘 집에 있던 아내가 없으니, 모든 것이 혼란스럽고 불편했다. 안 하던 일들을 해야 하니 정신이 없었다. 옷을 찾기도, 아이들 밥을 챙겨 먹이기도 어려웠다. 아내의 빈자리가 크게 느껴졌다. 약 1주일 가량 정신 없는 시간을 보냈다. 무엇보다 아내가 잘못될까 봐 마음이 조마조마했다. 아직 아이들도 어린데 아내가 없는 우리 집과 내 인생은 생각도 할 수 없었다. 다행히 혈관을 넓히는 수술은 잘 되었고 아내는 다시 건강한 모습으로 집에 돌아왔다. 가슴 철렁한 순간이었다. 역시나 사람은 없어 봐야 소중함을 느끼나 보다.

그림책 『폭풍이 지나가고』는 폭풍으로 인해 밖에 못 나가고 집 안만 있으면서 서로 부딪치고 갈등이 일어나는 가족들의 모습을 그린다. "정말 왜 이러는 걸까요? 가족인데 말이에요" 우린 때론 가까이 있기에 쉽고 편하게 대하고 서로에게 상처를 주기도 한다. 고슴도치처럼, 너무 가까이 가면 뜨거운 촛불처럼 가족들과의 관계에서 서로를 인정 존중해주는 거리가 필요하다는 생각이 든다. 서로 불편한 관계가 되어 가족은 각자의 방에서 혼자가 된다.

그러다 더욱 크고 강력한 폭풍이 몰려온다. 혼자 있기가 무

서운 가족은 다시 한 곳으로 모여 서로를 감싸안으며 폭풍의 두려움을 이겨낸다. 함께 하면서 서로 '미안해'라고 말하고 사과하고 용서를 구한다. 여전히 폭풍이 있지만 예전과는 다르다. 함께 위기를 극복한 사이라 친밀감과 동질감이 생긴 것이다. 이게 가족이라는 생각이 든다.

가족이라고 항상 좋을 수는 없다. 때론 남들보다 못하게 대하고 서로에게 쉽게 상처를 주기도 한다. 각자가 바라는 것이 충족되지 않아 싸우기도 한다. 우리 집도 그러하다. 큰 아이와 둘째 아이가 화장품 때문에, 화장실을 오래 쓴다고, 옷 때문에 싸우고, 친구, 습관, 정리하고, 용돈 등의 일들로 우리와 싸우기도 한다. 그리고 시간이 지나면 또 금세 풀어지곤 한다. 부부 싸움이 칼로 물 베기듯이 가족도 그렇다.

스스로 행복한 인생을 산다

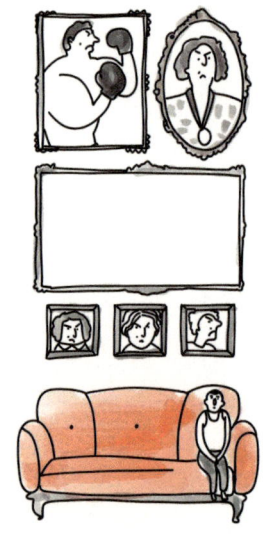

폭풍이 지나가고
글 파얌 에브라히미 그림 레자 달반드

진정한 챔피언(파얌 에브라히미 / 다그림책)

그림책 『진정한 챔피언』의 주인공 압팁은 다른 가족들과는 많이 다르다. 대부분의 가족들이 스포츠 우수 선수들인데 반해, 압팁은 그저 평범하다. 스포츠에 별 관심이 없고 자신들과 꿈과 열정이 다른 압팁을 가족들은 이해하지 못하고 한심하게 생각한다. 누군가는 말한다. "몰레스키 집안에 너 같은 아이가 태어나다니, 조상님들께 용서를 빌어야겠다."

사람은 '보고 듣고 자란 것이 인생의 전부'라는 말을 들은 기억이 난다. 책을 보며 내 어린 시절이 잠시 생각났다. "공부 잘해서 좋은 대학 가고 좋은 직장에 취직해야 한다." 이런 말을 여기저기에서 많이 들었다. 그랬기에 나 또한 자연스럽게 그런 생각을 갖게 되었다. 공부를 잘하지 못해 평범한 대학교에 들어갔고 학교에 뜻에 없어 1년만 다니고 자퇴 후 작은 직장에서부터 사회생활을 시작했다. 그리고 지금은 책 쓰기 코치 1인 지식기업가가 되었다.

시간이 지나 보니 내가 들은 말 중에 맞는 말도 있지만 아닌 말들도 많다는 것을 알게 되었다. 세상과 가치관이 변하기도 했고 무엇보다 가장 큰 변화는 내 생각의 변화였다.

인생을 살아가는 데는 다양한 방법과 길이 있음을 알게 되었고 성공과 행복의 기준은 세상이 아닌 모두 각자가 정한다는 믿음과 깨달음이다. 어떤 일을 하고 어떤 인생을 살든 각자가 만족스럽고 행복한 인생을 산다면 그것으로 충분하다고 나는 생각한다. 나 또한 부모이기에 우리 아이들이 누구나 아는 좋은 학교에 다니고 유명한 회사에 취직하거나 자신만의 멋진 직업을 가지고 멋지게 살기를 바란다. 하지만 그렇지 않더라도 아이들이 좋아하는 일을 하고 본인이 행복한 인생을 산다면 나는 그것으로 만족한다.

그림책을 2번째 볼 때 챔피언이 된 가족들의 표정이 보였다. 사진 속 가족의 표정은 모두 웃지 않고 있었고 힘들어 보였다. 아마 그들 중 일부는 정말 자신이 원해서 스포츠 선수가 되지 않았을 거라는 생각이 들었다. 다른 가족들이 모두 그랬기에 자신도 모르게 자연스럽게, 깊은 자기 발견과 이해 없이 타인의 기대에 부응해 그런 인생을 살고 있을 수도 있다. 그런 가족들의 사진 입을 주인공은 붓으로 웃은 얼굴로 만들어준다. 주인공은 아마 가족들이 성공하기보다 행복한 사람이 되길 더 바라는 마음에서 그랬을 것이다.

과거의 나 또한 성공을 위해선 쉼 없이 열심히 땀 흘려 일해야 한다고 생각했다. 하지만 그렇게 인생을 살았지만 행복하지 않은 내 모습과 내가 원하는 내 모습이 아닌 것을 보고 많은 생각을 하게 되었다. 성공해야 행복해지는 게 아니라 행복한 사람이 성공한다는 것을 알게 되었다. 지금은 성공이 먼저가 아니라 행복이 먼저라고 생각한다. 다른 사람들과 비교하면서 내 성공과 행복을 정의하는 게 아니라 내가 가진 모든 것에 감사와 만족하며 한 번뿐인 소중한 인생을 감사하게 행복하게 살아가려고 한다.

이런 긍정적인 마음이 나라는 사람의 인생을 더욱 충만하게 하고 있고 내 일도 더욱 잘 되게 만들어 가고 있음을 느끼고 있다. 점점 일이 성장하고 있고 많은 좋은 사람들이 나를 찾아오고 있고 경제적인 부분도 좋아지고 있다.

우리의 인생은 언젠간 끝이 있음은 진실이다. 나도 우리 가족도 언젠가는 이별할 것이다. 그렇기에 인생이 소중하고 중요하다. 시간은 유한하고 미래를 모르기에 지금의 순간이 설레고 이 순간에 집중할 수 있다. 나를 포함한 우리 가족 모두가 각자 인생의 주인이 되어, 한 번뿐인 소중한 인생을 누리면서 즐겁고 재미있게 살아가길 소망한다.

3장

내 인생의 주인공은 바로 나!

주인공이 되도록 만들어준 가족

사랑해 사랑해 우리 널 사랑해
글 이미애 그림 최철민
지요즈니어

파란 물고기의 하지마 하지마
글. 차인우 그림 김틸리
걸음동무

위를 봐요!
지음 정진호
체야즈니어

어머니의 이슬털이
글 이순원 그림 송은실
북극곰

앗! 깜짝이야
글 최정현 그림 정연문
꽃터

한 번 뿐인 인생 올바르고 의미 있게 살고 싶다는 생각을 하며 살고 있다. 그래서 끊임없이 성장하고 싶고, 다양한 것에 도전을 하며, 열심히 삶을 살아내고 있다. 생각해보면 과거의 나, 현재의 나, 미래의 나는 언제나 성장해 온 것 같다. 보다 성공하고 싶고 행복하고 싶어서 자기개발서를 지금까지 500여 권 넘게 읽으며 실천하고, 변화하기 위해 끊임없이 노력해 왔고, 지금도 부단히 노력 중이다.

이렇듯 치열한 삶을 사는 이유는 재밌기 때문이다. 여러 사람의 인생을 살아볼 수는 없지만 여러 다양한 경험을 하며, 여러 사람들과 교류하며 간접적으로 다양한 인생을 살고 있는 듯하다. 언젠간 나의 인생을 담은 책 한 권을 꼭 발간하고, 작가와의 만남을 통해 수많은 독자에게 나의 경험을 나누고 싶은 것이 또 하나의 꿈이다.

이형

1. 인터넷 교육 강사(스마트스토어지능형 가계, 블로그 교육 등 다수)
2. AI 그림 아티스트 작가
3. 금산주택관리 대표, 다담은 협동조합 이사
4. 『이제, 운 좋았다고 말하지 않을 거예요』 공저. 작가
5. 사회 활동가, 인권 운동가

나의 삶이 타인에게 긍정적인 선한 영향력을 미칠 수 있는 사람이 될 수 있길 바라며, 이 책을 읽는 독자에게도 좋은 영향력을 미칠 수 있길 바란다.

이메일 : 03good13@naver.com
저자 연락처 : 010-8446-4520

진정한 아빠가 되던 순간

사랑해 사랑해 우린 널 사랑해
글 이미애 그림 최철민

처음주니어

사랑해 사랑해 우린 널 사랑해 (이미애/ 처음주니어)

사람은 남녀노소 누구나 사랑받기 원하며, 남으로부터 인정받고 싶은 욕구가 있다. 특히 어린 아이들이 더 그렇다. 부모의 관심을 끌기 위해 나 좀 봐달라고 울기도 하고, 떼를 쓰기도 한다. 이런 행동들은 자녀가 많은 가정일수록 더 많다고 한다. 그 이유는 부모의 사랑과 관심을 더 받기 위해 일부러 더 큰 소리로 울거나, 떼를 쓰기 때문이다. 그러나 이러한 행동을 한 아이는 부모에게 사랑과 관심을 받기보다는 오히려 맨날 우는 아이, 떼쓰는 아이가 되어버리기도 한다.

그림책 『우린 널 사랑해』의 주인공 둥이는 밥 안 먹는다고 심술을 부리기도 하고, 일부러 소파에서 쿵쿵 뛰는 문제 행동을 보인다. 그럼에도 할머니는 둥이와 함께 놀이터에 가서 놀아주고, 할아버지는 걷기 힘들다는 둥이를 업어준다. 둥이는 퇴근한 아빠 등에 올라타 말을 타듯 "이랴 이랴"를 외치며 신나게 논다. 피곤한 아빠가 "그만 쉬자"고 해도 더 놀거라며 절대 내려오지 않는다. 결국 아빠는 힘들어서 고함을 지르자 둥이는 마음이 상해 방문을 쾅 닫고 방에 들어와 눈물을 뚝뚝 흘린다. "아무도 나를 사랑하지 않아" 울다가 잠든 둥이는 악몽을 꾸고 이내 잠에서 깬다. 그때 둥이에게 엄마가 찾아와 자장가를 불러주며 속삭인다. "사랑해, 아무리 속 썩여도 엄만 널 사랑해." 그다음 할머니가 들어와 "사랑해, 아무리 애먹여도 할머넌 널 사랑해." 할아버지와 아빠도 들어와서 "아무리 말썽을 부려도, 아무리 지쳐도 널 사랑해!"라며 토닥인다.

다음 날 둥이가 깨어나 모두에게 외친다. "사랑해요! 엄마, 아빠, 할머니, 할아버지." 그리고 가족들도 모두 둥이에게 다가가 말한다. "우리도 널 사랑해!" 그림책 [우린 널 사랑해]를 보면 결국 힘든 각각의 상황에서 온 맘을 다해 둥이를 위해 놀아주진 못하지만 모두 사랑하는 마음을 갖고 있다는 것을 알 수 있다.

나는 결혼하여 두 명의 아들을 키우고 있다. 사실 나는 아이를 좋아하는 편이 아니고, 때로는 '내가 과연 아이들을 사랑하는 것일까?' 의구심을 가질 때가 있었다. 그런 나의 의구심을 단번에 사라지게 한 사건이 있었다.

너무나 피곤했던 일과를 마치고 언제 잠들었는지 모를 정도로 그냥 잠이 들었던 어느 날이었다. 깊은 잠을 자는 중 나는 큰아이가 교통사고로 죽는 꿈을 꾸었는데, 아이를 잃었다는 상실감에 너무나 슬퍼서 엉엉 울며 잠에서 깼다. 꿈에서 깼을 때 얼마나 리얼했는지 내 뺨에는 눈물이 주르륵 흐르고 있었다. 너무나 생생해서 일어나자마자 큰아이가 옆에 있는지부터

살폈다. 다행히 큰아이가 곤히 자는 모습을 보고 안도감에 나는 또 눈물이 흘렀다. 왜냐하면 아이가 살아있다는 것에 너무나 감사해서 콧물과 눈물이 범벅이 될 정도로 엉엉 울었다. 그 소리에 아내가 깨어 무슨 일이냐고 물었다. 나는 꿈 내용을 설명하고, 큰아이가 살아있음에 너무나 감사해서 나도 모르게 폭풍 오열하게 됐다고 이야기했다. 비로소 나는 아이를 사랑하고 있다는 것을 깨닫게 되었다.

그때 이후로 나는 어린아이들이 교통사고로 죽거나, 사고로 죽었다는 뉴스를 보면 아이를 잃은 부모의 심정이 떠올라 너무 슬프다. 나는 왜 아이를 사랑하는 감정이 적었을까? 나의 유년 시절을 생각해 보면 부모에게 사랑한다는 말을 들은 기억이 별로 없다. 또 엄마, 아빠가 따뜻하게 안아줬던 기억 또한 별로 없다. 그래서 그림책의 둥이처럼 엄마, 아빠가 나를 사랑하지 않는다고 생각했던 것 같다. 그러나 지금 와서 생각해 보면 나를 사랑하지 않았던 것이 아니란 것을 부모가 되어서야 깨닫게 되었다. 엄마가 어릴 때 먹기 싫다는 밥을 쫓아다니며 먹이려고 했던 행동이 당시에는 너무나 이해가 안 됐지만 그 모든 행동이 사랑하기 때문에 했던 것이고, 때로는 회초리를 들었던 것도 사랑하기 때문에 잘되길 바라는 마음에서 혹여 잘못된 길로 갈까 봐 회초리를 들었던 것이었다. 결국 엄마는 엄마의 방식대로 나를 사랑했고, 사랑의 표현을 했던 것이었다.

 사랑을 받았던 기억이 별로 없어서 어떻게 사랑해야 할지 몰랐던 나는 아이들에게 충분한 사랑을 주기로 결심했다. 그래서 그 이후로 하루에 한 번씩은 무조건 사랑한다고 표현하고, 어릴 때는 볼 뽀뽀는 물론 입 뽀뽀도 자주 했다. 초등학교에 입학하여 학교에 데려다줄 때도 차에서 내려 꼭 안아주면서 "사랑해~"라고 말했다. 때로는 원하는 대로 해주지 않을 때 둥이가 "나를 아무도 사랑하지 않아"라고 생각했던 것처럼 내 아이가 그렇게 느낄 수 있다. 그러나 둥이가 가족 모두가 둥이를 사랑했다는 것을 나중에 알게 되었듯이 내 아이들도 커서는 내가 사랑한다는 것을, 사랑했다는 것을 알게 되리라.

 모든 생명은 사랑받기 위해 태어났으니 아이에게 많은 사랑을 주리라 다짐하며 오늘도 학교에 아이를 데려다준다. 그리고 꼭 안아주며 이렇게 말한다. "사랑해! 차 조심하고...."

지지와 격려의 힘

파란 물고기의 하지마 하지마
글. 차인우 그림 김릴리
걸음동무

파란 물고기의 하지마 하지마 (차인우/ 김릴리 / 걸음동무)

아이들은 정말 호기심이 많고, 장난도 심하다. 그러다가 부모에게 혼나기 일쑤다. 아이는 그냥 신나게 놀았을 뿐인데 왜 혼이 나는지 모르기 때문이다. 어쩌면 당연하다. 그 나이는 무엇이 옳고 그른지 전혀 모르는 순수한 때이기 때문이다.

그림책 『파란 물고기의 하지마 하지마』에는 아기 파란 물고기 뿌룩이가 나온다. 뿌룩이는 호기심이 많고, 장난도 심하다. 그래서 아빠도 엄마도 뿌룩이를 못마땅해하며 말한다. "얘야! 뿌룩. 제발 장난 좀 그만 치렴, 뿌룩뿌룩." 맛있는 음식을 혼자만 먹어치우는 걸 본 누나는 "야! 뿌룩뿌룩. 제발 좀 그만 먹어, 뿌룩빠글. 왜 혼자만 먹어. 나도 먹을래. 뿌룩빠글, 뿌룩빠글." 이렇게 말하며 맛있는 걸 혼자 먹는다고 뿌룩이를 못마땅해 한다. 형은 조금만 건드려도 징징거리고 시끄럽다며 못마땅해 한다. 할머니, 할아버지, 삼촌도 마찬가지이다. 즉 뿌룩이 가족들은 따뜻한 말보다는 뿌룩이에게 "하지 마라. 가지 마라."는 말뿐이다. 이웃 아주머니와 아저씨도 마찬가지이다. 그래서 뿌룩이는 화가 났고, 가족도, 이웃도, 친구도 못마땅해졌다. 그런 가족과 이웃에게 한바탕 쏘아붙이고 뿌룩이는 결국 홀로 떠난다.

아기 파란 물고기 뿌룩이는 언제나 자신을 억압하고 통제하려는 가족과 이웃의 말과 행동 때문에 상처받고 속상해한다. 그러다 아주 큰 결심을 한다. 새로운 도전을 하기로 말이다. "아기 파란 물고기 뿌룩이의 도전을 지켜봐 주세요. 가족의 지지와 격려가 필요한 아이들의 마음도 치유해 줄 거예요."라며 책이 마무리된다.

그림책 『파란 물고기의 하지마 하지마』의 내용과 같은 비슷한 경험이 있다. 어느 때부터인가 5살인 큰 아이가 나를 어려워한다는 느낌을 받았다. 왜 그럴까 곰곰이 아이에게 내가 하는 말을 생각해 보았다. 그랬더니 뿌룩이의 부모처럼 "하지 마!"와 같은 부정적인 말을 아이에게 많이 했다는 것을 깨달았다. "왜 이렇게 말을 안 듣니?", "제발 가만히 좀 있어!", "밥 좀 빨리 먹어." 등과 같은 비난의 말과 공격적인 말을 쏟아내고 있는 나의 모습을 발견하게 된 것이다. 그러니 당연히 아이는 주눅이 들 수밖에 없고, 매사에 자신감이 없게 된 것이다. 또한, 자존감이 낮았고, 부정적인 감정을 갖게 되니 늘 부모에게는 부족한 모습으로 비치게 되고, 그게 못마땅한 나는 또다시 다그치고, 이렇게 하면서 악순환이 반복되고 있었던 것이었다.

어디서부터 잘못된 것일까? 어릴 때 나를 떠올려봤다. 키가

작아서 늘 반에서 1번, 2번이었다. (내가 국민(초등)학교 다닐 때는 키 순서대로 반 번호를 정했다.) 그래서 늘 위축되어 있었고, 가정환경이 좋지 못해서 늘 심적으로 불안감이 있었다. 부모에게 애정을 느끼기보다는 혼자 삶을 잘 살아가야겠다는 본능이 이끄는 대로 삶을 살아왔다. 그러다 보니 부모가 되어서 자녀에게 어떻게 애정을 주어야 할지, 지지해 줘야 할지 몰랐던 것 같다. 다행인 것은 나의 상태를 알아차렸다는 것이었다. 나의 말과 행동이 아이의 인생에 영향을 줄 수 있다고 생각하니 이대로는 안 되겠다고 결심했다. 그때부터 아이에게 긍정적인 말을 해주고, 무엇이든 지지해 주기로 했다.

아이들이 하고 싶은 것이 있으면 되도록 다 직접 해볼 수 있도록 했다. 물론 안 했으면 하는 것도 있고, 걱정되고 위험한 일도 있었다. 그럴 때는 이런저런 이유로 안 했으면 좋겠지만 네가 하고 싶다면 "너의 결정에 책임도 네가 지는 거야."라고 말을 하며 신중히 결정해서 하도록 이야기해 준다.

시간이 흘러 큰 아이가 초등학교 3학년이 되었는데 라면을 냄비에 끓여서 먹겠다고 떼를 썼다. 아내는 "어떻게 초등학생에게 위험하게 가스를 쓰게 하고, 그것도 뜨거운 물을 끓여서 라면을 끓이게 할 수 있냐?"고 하며 절대 반대했다. 아내에게 설명했다. "뜨거운 물에 델 수도 있고, 위험하다고 설명했는데 아무리 말로 설명을 해도 아이가 양보를 안 하니, 직접 데어 보기도 하고 경험을 해봐야 위험한지 알고 조심히 하지 않을까? 그리고 스스로 해보고 싶은 마음이니 직접 해보도록 해보면 좋겠어."라고 말하며 "위험하긴 하지만 조심해야 한다고 알려주고, 도와줄게."라고 말하고 첫째에게 냄비에 물을 넣고, 가스를 켜서 라면을 끓여보도록 했다. 아이는 가르쳐준 대로 조심조심해서 라면을 끓였다. "아빠! 직접 끓여 먹어서 그런지 너무 맛있어."라며 너무 행복한 미소를 지어 보였다. 그 이후로 한 번도 데이지 않고 라면을 맛있게 잘 끓여 먹고, 가끔은 우리에게 라면을 끓여주기도 한다.

예전엔 아내와 상의해서 아이들이 좋아할 만한 장소와 코스를 정해서 여행을 갔다. 그러나 아이들이 원해서 여행을 간 것이 아니기 때문에 자주 짜증을 냈고, 즐겁기는커녕 서로 감정만 쌓인 채 돌아왔다. 그래서 방법을 바꿨다. 아이들이 여행 가고 싶은 곳을 정하게 하고, 먹고 싶은 식당도 직접 찾게 했다. 그랬더니 여행을 가는 길도 즐겁고, 오는 길도 즐거웠다.

부정적인 말 대신 긍정적인 말과 지지의 말을 해주고, 아이들 스스로 할 수 있는 기회를 제공했더니 아이는 짜증이 많고, 예민한 아이에서 행복한 아이, 미소가 아름다운 아이로 변화했다. 그러다가 지금은 사춘기가 와서 짜증을 내기도, 화를 내기도 한다.

그림책 『파란 물고기의 하지마 하지마』에서 뿌룩이는 부모, 누나, 형을 비롯한 가족들, 주변 이웃들에게 못마땅하다며 화를 내고 문제시했을 때 결국 가족의 곁을 떠났다. 그 누구도 이런 가족의 일원이 떠나가는 결말을 원하지 않는다. 어렵고 힘들 때 가장 큰 힘이 되어야 할 존재가 가족이다. 그리고 그 누구에게도 지지를 받지 못하더라도 가족만큼은 지지를 해 줄 수 있어야 한다. 그러나 우리 주변을 둘러보면 그렇지 못한 가정이 있다. 부모는 늘 불안한 것 같다. 아이를 잘 키워야 한다는 책임과 부담감 때문에 부모가 바라는 자녀의 상으로 만들고자 강요 아닌 강요를 하는 상황이 자꾸 연출된다. 그러다 말 한마디가 자녀에게는 잔소리가 되고, 잔소리를 들은 자녀는 잔소리하는 부모가 싫다. 결국 서로 감정의 골이 더 깊어지는 악순환이 반복된다.

그러나 역으로 자녀를 믿고 지지해 준다면 어떻게 될까? 믿어주고 지지해 준다는 마음의 안정감 때문에 자신감이 넘치고, 하고 싶은 일도 많아진다. 다양한 꿈을 가질 수 있다. 그리고 자녀는 부모의 마음을 헤아려 기다려준 부모의 은혜에 보답하고자 더 열심히 자신의 삶을 살아가게 된다. 이는 결국 긍정의 순환이 반복되어 부모도 자녀도 모두 행복한 삶을 살아갈 수 있다. 나보다는 아직 살아온 날이 적기에 경험도 적고, 미숙하게만 보이고, 생각이 없게만 보여도 그냥 믿고, 지지해 주고, 응원해 주자. 그림책 [파란 물고기의 하지마 하지마]에서 뿌룩이는 가족의 곁을 떠났지만 가족을 사랑하는 뿌룩이가 되도록 말이다.

아이들은 부모의 말과 행동에서 많은 영향을 받는다. 부모가 부정적인 말을 자주 하면, 아이들은 자신감을 잃고 자존감이 낮아질 수밖에 없다. 그러나 부모가 긍정적인 말과 지지를 해준다면, 아이들은 자신감을 얻고 긍정적인 태도를 가지게 된다. 나 역시 아이들에게 부정적인 말보다는 긍정적인 말과 지지를 해주기 위해 노력하고 있다.

가족은 아이들이 세상에서 가장 안전하게 느낄 수 있는 곳이어야 한다. 가족의 지지와 격려가 없다면 아이들은 상처받고 외로워질 것이다. 그렇기 때문에 부모는 아이들에게 항상 지지와 사랑을 표현해 주어야 한다. 아이들이 잘못을 저질렀을 때에도 따끔한 충고와 함께 사랑의 마음으로 다가가야 한다. 이를 통해 아이들은 자신이 잘못된 행동을 했음을 깨닫고, 더 나은 사람이 되기 위해 노력할 것이다.

부모는 아이들의 행동을 잘 이해하고, 그들의 호기심과 장난을 긍정적으로 받아들여야 한다. 아이들이 무엇을 잘못했는지 설명해 주고, 올바른 행동을 가르쳐주는 것이 중요하다. 이렇게 한다면 아이들은 부모의 지지를 받고 성장할 수 있을 것이다.

결국, 부모의 역할은 아이들에게 지지와 사랑을 주는 것이다. 부모는 아이들이 자신감을 가지고 세상에 나아갈 수 있도록 도와주어야 한다. 그림책 [파란 물고기의 하지마 하지마]에서 뿌룩이가 가족의 곁을 떠났지만, 우리는 우리 아이들이 언제나 가족의 사랑과 지지를 느낄 수 있도록 해야 한다.

가족은 아이들에게 세상에서 가장 큰 힘이 되어야 한다. 부모는 아이들을 믿고 지지해 주어야 하며, 아이들은 부모의 사랑과 지지를 통해 자신감을 얻고 성장할 수 있다. 우리 모두 아이들에게 사랑과 지지를 아낌없이 주며, 행복한 가정을 만들어가자.

힘들 때 힘이 되어준 가족

위를 봐요! (정진호 / 길벗어린이)

누구나 삶을 살아가면서 생로병사의 길을 걷게 된다. 태어나서 늙기 마련이고, 크던 작던 병을 앓고, 결국 죽음에 이른다는 말이다. 식당에 가면 식사 후 약봉지를 뜯어 약을 먹는 사람을 흔히 볼 수 있다. 주변에 가족 중 아픈 사람 한 명쯤은 대부분 있다. 엄마도 고혈압, 당뇨약 등 약을 10알 정도는 먹고 있다. 나도 현재 약을 꾸준히 복용 중이다.

그림책 『위를 봐요!』는 교통사고 때문에 다리를 잃은 수지의 이야기다. 수지는 가족여행 중 교통사고가 나서 다리를 잃어 휠체어를 타게 된다. 그래서 사람의 도움 없이는 밑으로 내려가지 못하기 때문에 베란다를 통해 바깥세상을 위에서 내려다보며 삶을 살아간다. 위에서 내려다본 사람들은 "개미 같아!"라고 표현한다. 길에는 바쁜 사람들이 빠르게 지나가고, 비가 오면 우산이 걸어가는 모습을 본다. 그러면서 "위를 봐요!"라고 지나가는 사람을 향해 말한다. 그때 한 소년이 위를 바라보고 수지에게 왜 안 내려오냐고 물었다. 수지는 "다리가 아파서 못 내려가."라고 말한다. 그러자 소년은 "그럼 이건 어때?"라며 바닥에 대(大)자로 누워 수지를 바라본다. 그리고 누워있는 소년을 보고 지나가던 아주머니가 "너 왜 길거리에 누워있니?"라고 묻자, 소년이 "어떤 일이냐, 하면요, 저 위에 저 아이가...."라고 말하자 아주머니도 수지를 바라보고 소년 옆에 함께 눕는다. 그리고 점점 바닥에 눕는 사람이 늘어나고 한 부부는 양팔을 올려 하트를 함께 만든다. 그러자 그 전까지는 모두 흑백으로 보이던 장면이 컬러로 보이며 마지막 장면으로 끝난다.

그림책 『위를 봐요!』를 읽고 수지는 나로 대입해 보았다. 나는 20대 초반 강직성 척추염이라는 희귀난치병 진단을 받았다. 강직성 척추염을 간단히 설명하면 보통 사람에게는 없는 항체가 하나 더 있는데 이 항체가 자가면역반응을 일으켜 척추와 척추 사이를 굳게 하여 심하면 대나무처럼 일자로 등뼈가 붙어서 일상 활동에 장애를 주는 질병이다.

여기서 자가면역반응은 쉽게 표현하면 자기 몸의 일부를 병균으로 인식해 몸을 공격하는 반응인데 강직성 척추염은 자기 몸의 일부가 척추에 해당이 되어 척추가 강직되는 주요 증상이다. 강직 척추염은 그래서 뼈마디에 염증이 생긴 것을 치료하는 류마티스과에서 진료를 본다.

현대 의학으로는 원인도 모르고, 치료법도 마땅히 없어서 약을 먹어 염증을 관리하며 평생을 살아야 한다. 증상이 심할 경우에는 주사기를 집에 비치하여 직접 주사를 놓아야 하기도 하지만 불행 중 다행으로 초기에 발견하여 염증을 잘 관리하고 있어서 일반인들과 같은 정도의 생활을 하는 데 지장은 없다. 맨 처음 진단받을 당시에는 허리 통증이 심해서 걷지 못하고 기어서 집에서 생활을 해야 하는 정도로 증상이 심했지만 약을 복용하고 스트레칭 등 노력으로 군대도 가서 병장 만기 전역을 하였다.

그리고 2013년 4월 둘째가 태어나고 아내가 산후조리원에 있을 때 갑상선암 진단을 받았다. 그때를 떠올려보면 출산 후 본인도 힘들었을 텐데 갑상선암 진단을 받았다고 하니 위험한 암도 아니고, 수술 잘 하면 되니까 걱정하지 말라던 아내의 위로가 큰 힘이 되었다.

산후조리를 마치고 장모님이 집에 와서 3살 첫째와 갓 태어난 둘째를 봐주셨고, 아내는 갑상선암 수술 후 입원 중인 나를 지극정성으로 간호해 주었다. 그 이후 2021년 119 신고를 통해 응급실로 실려 갔다. 원인은 요로결석이었다. 요로결석의 통증은 출산과 맞먹는 정도의 극심한 고통이라고 하니 그 고통은 두 번 다시 겪고 싶지 않은 고통이었다. 응급실에서 링거를 맞고 다행히 통증이 사라져 퇴원했다. 병원에서 요로결석은 평소 물을 많이 먹는 습관이 중요하고 석회 성분이 쌓이지 않도록 하는 것이 중요하다고 했다. 그래서 물을 많이 마시기 위해 노력했다. 그런 노력에도 불구하고 약 3개월 후 야간에 갑작스레 통증이 와서 119 응급차를 불러 응급실로 갔고, 두 번의 극심한 통증을 겪다 보니 병원까지 가는 그 1시간의 시간이 너무나도 길게 느껴지고 힘들었다. 응급실에서 석회 덩어리를 파쇄하는 게 좋겠다고 했는데 대학병원에서는 지금 파쇄할 수 없으니 개인 전문 병원으로 가서 해야 한다고 해서 비싼 비용을 지불하고 파쇄를 하고 집으로 돌아왔다. 그 이후 잘 지내던 중 1년 후 다시 또 비슷한 통증이 오는 것 같아서 직접 차를 몰고 병원에 갔는데 요도 끝에 석회 덩어리가 있어서 물 많이 먹으면 자연스레 빠진다고 하여 집에 돌아왔고 그다음 날 통증이 사라졌다. 그 이후 다시 요로결석으로 인해 병원에 가는 일은 없다.

강직성 척추염 진단, 갑상선암 수술, 3번의 요로결석을 겪으면서 그때마다 곁을 지켜주며, 힘을 주었던 가족의 고마움을 잊을 수 없다.

더 이상 가족들에게 아픔을 주고 싶지 않았다. 그러나 나의 의지와는 상관없이 갑자기 교통사고를 당했다. 그림책 [위를 봐요!]의 수지처럼 말이다. 가만히 서 있는데 차가 와서 내 몸을 쳤고, 발과 종아리를 거쳐 무릎까지 타이어가 타고 넘어갔다. 그 결과 왼쪽 무릎의 십자인대, 내측, 외측 인대가 모두 끊어져 수술하게 되었다. 다행히 수술은 잘 되어 경과는 좋다고 하였다. 그러나 수술 후 3년이 지났지만, 여전히 걸을 때 무릎에서는 이상한 느낌이 들고, 조깅하면 무릎의 연골이 부딪히는 느낌이 나고, 오랜 시간 뛸 수가 없다. 운동을 할 때 늘 조깅과 줄넘기를 했었는데 조깅하지 못하고 줄넘기를 하지 못한다는 것이 너무 슬펐다. 그래서 대신 아내와 함께 저녁에 빠른 걸음으로 걷고 있는데 땀도 잘 나지 않고, 성에 차지 않는다. 운동량이 절대적으로 부족하게 됨에 따라 체중도 많이 늘었고 체중이 늘어남에 따라 배가 나온 뚱뚱한 아저씨가 되어버렸다. 그로 인해 자존감이 좀 떨어지게 됐다.

그러나 아내와 아이들은 몸이 마르든 뚱뚱하든 상관없이 여전히 사랑해주고 있다.

그림책 [위를 봐요!]의 수지가 어느 날 교통사고를 당해 휠체어를 타고 일상이 완전히 달라져 버려 좌절하고, 힘들 때 그런 수지를 위를 향해 바라봐주는 것만으로 수지는 흑백의 캄캄한 인생에서 찬란한 빛깔의 인생으로 변화되었듯이 나에게도 힘들고, 좌절하고, 낙심할 때 그저 바라봐주고, 힘이 되어준 존재가 있었다. 때론 친구가, 엄마가, 아내가, 아이들이, 친한 형이 그랬다. 인생을 살다 보면 예상치 못한 일들이 다가온다.

　뉴스를 통해서 보듯이 "학교 다녀오겠습니다."라고 인사를 하고 학교에 간 딸이 음주 운전에 의해 사고를 당해서 갑자기 세상을 떠나 장례식을 치려야 하는 비극적인 상황이 생기기도 하고, 일상을 평범하게 살았지만, 코로나19로 인해 3년여간 평범한 일상을 송두리째 빼앗아 가기도 했다. 고향에 계시던 부모님이 갑자기 심장마비로 돌아가시기도 하고, 교통사고로 인해 하반신을 잃어 장애인이 되기도 한다. 이렇듯 갑자기 사고를 당하기도 하고, 억울한 일을 당하기도 하고, 경제적으로 힘든 상황이 오기도 하고, 코로나 같은 재앙도 겪고, 주변 지인이 이 세상을 갑작스레 떠나기도 한다.

　시대가 갈수록 살기 어려워지고, 공동체 의식보다는 개인주의 성향이 늘어가고, 자살률과 우울증 등 정신질환도 증가하고 있다. 이런 각박한 사회일수록 가족은 물론 주변을 더욱 살피며, 따뜻한 위로를 건넬 때 어려움을 겪는 개개인들이, 그리고 우리가 사는 세상이 더 따뜻해지지 않을까?

　소확행이라는 말이 있다. 소소하지만 확실한 행복의 줄임말이다. 일상을 소중하게 생각하고 가까이 있는 사람들을 더 따뜻하게 대하고 잘 관계성을 유지하며 살피는 노력을 하며 살아야겠다고 다짐하게 된다. 그러면 이 세상도 수지의 흑백 인생에서 찬란한 빛깔의 인생으로 변화되듯 세상도 더 따뜻한 세상이 될 것이라는 믿음을 가지고 말이다.

부모의 사랑이 우리를 존재케 한다.

어머니의 이슬털이
글 이순원 그림 송은실

북극곰

어머니의 이슬털이 (이원순 / 송은실 / 북극곰)

요즘 우리 집에는 사나운 맹수 두 마리가 함께 살고 있다. 사나운 맹수 두 마리는 사춘기에 접어든 두 아들이다. 양처럼 순하기만 하던 두 아들은 사라지고 사나운 짐승이 되어 나와 아내를 공격하기 시작했다.

아무리 사랑하는 마음을 가득 담아 잘 해주려고 해도 뭐가 그렇게 불만인지 기본적으로 짜증이 섞인 말투에 말이 좋게 돌아오지 않는다. '사춘기니까 그렇지.' 하며 이해하다가도 어느 순간 화가 나서 함께 싸우고 있는 내 모습을 발견할 때가 한두 번이 아니다. 그럴 때마다 내가 아이들이랑 뭐 하는가 싶어 후회한다. 이러한 일상을 반복하다 문득 '나도 사춘기 때 이렇게 심했나? 부모님이 나 키우실 때 정말 힘들었겠다.' 생각하게 되었다. 평생 부모님이 존경스럽다는 생각을 하지 않았는데, 사춘기 아이들을 힘들게 키우며 무한한 사랑과 희생으로 키워주신 부모님께 감사와 존경심이 절로 생겨났다.

그림책 『어머니의 이슬털이』는 엄마의 희생과 사랑의 이야기다. 엄마가 학교를 가기 싫다는 아들에게 교복을 입고, 신발을 신으라고 말한 뒤 지게 작대기를 들고 길을 앞장서서 학교 가는 길을 걸어간다. 한참 길을 가다가 엄마가 "너는 뒤따라오너라."라고 말한 뒤 이슬이 많은 수풀을 헤치며 걸어간다.

그 길은 사람 하나 겨우 다닐 좁은 산길 양옆으로 풀잎이 우거진 길로 아침이면 풀잎마다 이슬방울이 조롱조롱 매달린 길이다. 엄마가 아들이 걸어가야 할 길의 이슬을 앞장서서 털어내기 시작했고, 엄마의 몸뻬바지는 아침 이슬에 흥건히 젖는다. 발로 이슬을 털고, 지게 작대기로 아들이 이슬에 젖을까봐 미리 앞장서서 이슬을 털며 걸어가는 것이었다. 그렇다고 뒤를 따르는 아들 교복 바지가 안 젖는 것도 아니다. 한참을 가다 보니 엄마의 옷도, 아들의 옷도 흠뻑 젖어 걸음을 걸을 때마다 엄마가 신고 있던 고무신에서는 시커먼 땟국물이 질꺽질꺽 발목으로 올라온다. 수풀을 다 지나자 엄마가 "자 이제 이걸 신어라."라고 말하며 품속에서 새 양말과 새 신발을 건넨다. 그렇다. 학교 가기 싫어하는 아들을 위해 이슬에 젖을까 봐 미리 앞장서서 이슬을 털어내며 걸어갔고, 신발이 젖을 것까지 생각해서 갈아신을 양말과 신발까지 챙긴 것이었다. 그리고 엄마는 "앞으로는 매일 털어주마. 그러니 이 길로, 곧장 학교로 가. 중간에 다른 데로 새지 말고."라고 말한다.

그림책 『어머니의 이슬털이』를 읽고, 생각해 보니 이 세상의 모든 엄마는 각자 다른 방식으로 이슬털이를 하며, 자녀를 위해 평생 사랑의 마음으로 희생하며 삶을 살아오신 것이 아닌가 생각해 보게 되었다. 모든 엄마들은 내가 고생되고 힘들

더라도 자식만큼은 고생하지 않았으면 하는 마음에 항상 희생하고, 헌신의 삶을 살아오신 것이다.

내가 중학교 1학년 때 부모님이 이혼하면서 엄마와 나, 여동생이 함께 살게 되었다. 홀로 키워야 하니 돈도 벌어야 하고, 집안일도 해야 했다. 몸도 힘들고, 마음도 힘들고 지쳤을 것이다. 정작 본인이 힘들지언정 나와 여동생이 학교에 가서 기죽지 않게 학교생활 잘하라고 용돈 필요하다고 하면 용돈도 주시고, 옷도 제때 사주시면서 부족함 없도록 잘 키워주셨다.

지금이야 학교 갈 때 도시락을 싸지 않고 급식을 먹지만 내가 학교 다닐 때만 해도 도시락을 싸서 가지고 다녔다. 하루도 거르지 않고 매일 도시락을 아침에 싸주셨던 것을 생각하면 그것도 엄청난 사랑이 없으면 절대 할 수 없는 일이라고 생각한다. 새벽부터 일어나서 밥을 짓고, 반찬을 서너 가지 하고, 게다가 국까지 끓여 국통에 따뜻하게 넣어 도시락을 싸주셨으니 말이다.

아내도 열심히 이슬 털이를 하는 중이다. 사나운 맹수 두 마리와 매일 전쟁을 하면서도 이 시기가 빨리 지나가기를 바라며 참고 인내하고, 견딘다. 정신적으로 힘든 상황에서도 먹고 싶다는 것 해주고, 학교에서 준비물 챙겨 가야 할 것 챙겨 주고, 아이들 수학도 가르쳐 주고 있다. 아내는 일하는 중간에도 아이들이 학교가 끝나고 집에 와 있을 시간이면 다정한 목소리로 아이들과 전화 통화를 한다.

아내가 "비염이 있어서 코를 자꾸 훌쩍거리는데 차라리 코를 좀 풀면 좋지 않을까? 자꾸 그렇게 하면 나중에 습관이 돼서 고치기 힘들어질 수도 있어."라고 말했더니 초등학교 5학년인 둘째가 "내 코니까 내가 알아서 할게! 그만 좀 말해!"라고 말하며 온갖 짜증을 내며 불만 섞인 목소리로 쏘아붙인다.

하루는 오래 입어 색이 바랜 티셔츠를 입은 아내가 첫째의 새 운동화와 티셔츠를 인터넷으로 구입하고 있는 모습도 보았다. 이렇듯 정작 본인이 희생해서 조금 덜 먹고, 사고 싶은 것도 사지 않고 아껴서 아이들을 위해서는 더 좋은 것을 해주고, 더 맛있는 것을 먹이고 싶은 게 엄마의 마음이다. 과거부터 현재에 이르기까지 모든 엄마는 그렇게 희생하고 사랑하는 마음으로 자녀를 키워온 것이다.

우리 부부는 요즘 두 아들 때문에 참으로 고민이 많다. 사춘기가 아주 심한 자녀들에 비하면 그렇게 사춘기가 심한 편은 아니고, 여느 아이들과 비슷한 수준으로 사춘기를 정상적으로 잘 지나가고 있다고 생각한다. 그래도 매일 매일 이러한 상황이 반복되니 힘든 것은 매한가지인 듯하다. 가끔 아내는 최대한 인내하며 대화를 이어 나가다가 그 자리를 벗어나 아이들에게 받은 상처 때문에, 그리고 속상해서 홀로 숨어서 눈물을 훔친다. 가끔은 두 아들도 후회 하는지, 뒤늦게 와서 나도 왜 화가 나고 짜증이 나는지 모르겠다며 미안하다고 사과한다. 미안하다는 한마디에 아내는 다시 평온을 되찾기도 한다.

아마 엄마도 우리 앞에서 우는 모습을 보이시지 않았지만 어딘가에 숨어서 홀로 눈물을 흘리셨다고 생각하면 너무나 존경스럽고 감사의 마음이 절로 나온다.

그림책 『어머니의 이슬털이』 책 마지막에 아들이 엄마의 이슬털이로 인해 본인이 잘 성장할 수 있었다고 고백하듯이 이 세대의 우리 모든 자녀 또한 자라서 어른이 되면 지금의 부모들도 이슬털이를 하듯 자녀를 걱정하고 사랑하고 희생하며 애지중지 훌륭히 키워준 것을 알게 될 것이다.

내 인생의 주인공은 바로 나!

앗! 깜짝이야
글 최정현 그림 정연문

꿈터

놀라운 생일파티. 앗! 깜짝이야 (최정현/ 정연문 / 꿈터)

그림책 『놀라운 생일파티, 앗! 깜짝이야』는 귀여운 꼬마 다람쥐 호야의 생일날 친구들을 초대하지만 모두 바쁘다는 핑계로 생일파티에 가기 어렵다고 말한다. 그러나 이 모든 핑계는 꼬마 다람쥐 호야 생일을 더 특별하게 해주기 위해 핑계를 댄 것이었고, 결국 초대했던 모든 동물 친구들이 함께 행복하고 특별한 깜짝 생일파티를 해줬다는 이야기다.

나의 생일은 특별하다. 생일이 5월 5일 어린이날이기 때문이다. 어린이날에 태어나서 매년 공휴일이라 쉬니까 좋았다. 어린이날이 생일인 것이 국민(초등)학교를 가기 전까지는 좋은 줄 알았다. 그러나 학교에 가서 친구들의 이야기를 들어보니 좋은 것이 아니었음을 나중에 알게 됐다. 다른 친구들은 생일날 생일 선물도 받고 어린이날에도 선물을 받는다는 것이었다. 나는 1년에 두 번 받을 수 있는 선물을 1년에 한 번밖에 못 받는다는 것이 억울하고 속상했다. 그리고 다른 친구들은 생일날 친구들을 초대해서 생일파티를 했다. 그러나 나는 생일파티에 초대해도 아무도 오지 못했다. 왜냐하면 어린이날이라서 가족끼리 시간을 보내기 때문에 오지 못했기 때문이었다.

그림책 『놀라운 생일파티. 앗! 깜짝이야』에서는 친구들이 깜짝 생일파티를 하기 위해 못 간다고 속이고 결국엔 와서 축하를 해줬는데 나는 그렇지 않았다. 생일과 어린이날 선물을 두 번 받고, 친구들을 집에 초대해서 생일파티를 하는데 나는 여느 친구들과는 다른 생일을 매년 지내온 것이었다.

결혼하고 자녀를 낳고 나니 이제는 어린 시절과는 또 다른 생일파티를 매년 하고 있다. 내 생일이지만 5월 5일 어린이날이 생일이다 보니 아이들을 위해 선물을 사주고, 놀러 가고, 여행을 간다. 그렇다. 주인공이 내가 아닌 우리 아이들이 주인공이다. 생일 케이크는 당연히 아이스크림 케이크가 되었고, 뽀로로 케이크와 또봇 케이크가 내 생일 케이크가 되었다.

우리 집은 5월 5일 어린이날 아침에 미역국을 먹는 희귀한 풍경이 펼쳐진다. 어릴 때부터 엄마가 어린이날 미역국을 끓여주셨기 때문에 어린이날은 미역국을 먹는 날인 줄 알았던 적도 있었다. 지금은 엄마가 끓여주던 미역국을 어린이날이 되면 아내가 끓여준다. 참 이색적인 상황이고 재밌는 생일이다. 나중에 두 아들이 결혼하여 손주들을 본다면 나의 생일은 어떤 풍경이 될까 가끔 생각해 본다.

역시 그때도 어린이날 아침에 미역국을 먹고 손주들이 주인공인 생일파티를 하고 있지 않을까? 나의 생일날 손주들에게 선물을 주며, 용돈을 주고, 함께 놀이동산에 놀러 가서 아이들과 즐거운 시간을 보내고 있는 것을 상상해 본다.

이렇게 어린이날 온 가족과 함께 생일을 보내는 것도 행복한 순간이지만 여전히 내 마음 한편에는 생일의 주인공은 나인데 오롯이 나만을 위한 생일파티를 하고 싶다는 아쉬움이 남는다. 생일은 이 세상에 처음 태어난 날을 기념해서 모두에게 축하를 받는 내가 주인공인 날인데 내가 주인공이 아닌 느낌을 받기 때문이다. 물론 어릴 때 부모님이 생일날 축하를 해주셨지만, 어린 마음에 반 친구들을 초대해서 모두에게 생일 축하를 받고 싶었는데 그렇지 못했다.

결혼해서 자녀를 낳고 어린이날을 챙겨야 하는 순간부터는 내가 주인공이 아니고 아이들이 주인공인 생일파티를 했다. 누군가는 "생일 나이 먹고 누가 그렇게 챙기나요? 챙겨주면 그냥 케이크 먹고 안 챙겨줘도 그냥 지나가는 것이죠." 말할 수 있지만 1년 중 단 한 번뿐인 나를 위한 날을 나는 소중히 생각하고 싶은 마음이 있다. 그리고 모두에게 생일은 오직 생일자 본인이 주인공이 되는 특별한 날이기에 의미 있게 보냈으면 하는 마음이다. 각자 살아가기 바쁘고, 그래서 누군가를 챙겨주기 쉽지 않은 요즘의 일상이기에 더욱 생일을 특별히 생각하고, 서로를 잘 챙겨줬으면 한다.

인생을 살아가면서 모든 사람들이 나 한 사람을 위해 축하해주는 일이 얼마나 축복된 일이며 그 순간이 소중하고 얼마나 특별한 날인가 생각한다면 생일이 정말 의미 있는 날임을 깨닫게 될 것이다.

- 열심히 가정을 책임지기 위해 앞만 보며 자신의 몸이 부서져라, 스트레스받으며 일하는 아빠들.
- 가사도 하며 돈도 열심히 벌어야 하는 엄마들.
- 학교에서 학원까지. 부모들이 퇴근할 때까지 일명 뺑뺑이를 도는 유아와 청소년들.
- 연애도 결혼도 포기하며 살아간다는 청춘들.
- 자식들 다 키우고 나서 지금까지도 먹고 살 걱정을 하며 노후를 보내는 노인들.

모두 얼마나 외롭고 힘들고 쓸쓸한 인생들인가? 모두 소중한 인생을 치열하게 살아가는 소중한 자들이다. 각각의 모든 인생이 내 인생의 주인공이 되는 생일날! 이날만큼은 주인공이 바로 내가 되는 그날. 생일만큼은 주인공이 될 수 있도록 서로서로 챙겨주고, 특별한 사람이 될 수 있도록 만들어주자.

그림책 『놀라운 생일파티. 앗! 깜짝이야』에서 친구들이 꼬마 다람쥐 호야의 생일파티에 흔쾌히 가겠다고 이야기할 수 있었겠지만, 거절하고 그 이후에 몰래 서프라이즈 깜짝 생일파티를 해준 것처럼 모두에게 생일만큼은 서프라이즈하고 특별한 생일파티가 있으면 좋겠다. 내 인생에 있어서 주인공은 바로 나!인데 남을 위해 열심히 일하는 요즘 사람들을 보면 내가 주인공인 삶을 살아가는 사람이 몇이나 될까 생각해 본다.

생일. 바쁜 현대 사회를 살다 보니 언젠가는 생일을 안 챙기고 그냥 지나가는 경우도 점점 많아지는 것 같다. 호사스럽게 크고 화려하게 생일파티를 하자는 이야기는 아니다. 소소하더라도 생일의 의미를 생각하고, 생일의 주인공을 위해 진심으로 축하해주고, 격려해주고, 힘주는 의미 있는 시간을 갖자는 것이다.

나도 내가 오롯이 주인공이 되는 생일을 맞이할 수 있기를 기다리면서 소심히 조용하게 외쳐본다.

내 인생의 주인공은 바로 나!

가족은 꼭 안아주는 거야
글 박은경 그림 김이랑
웅진주니어

폭풍이 지나가고
글·그림 댄 야카리노

엄마는 왜?
글·그림 김영진
길벗어린이

슬이의 추석 이야기
글·그림 이억배
길벗어린이

엄마마중
글 이태준 그림 김동성
보림

리디아의 정원
글 데이비드 스몰 그림 사라 스튜어트

쿠키 한 입의 사랑 수업
글 에이미 크루즈 로젠탈 그림 제인 다이어
책읽는곰

4장

언제나 함께 하는 가족, 우리는 함께 성장하는 중입니다

가족은요, 보기만 해도 웃음이 나는 거예요

행복을 드리는 사회적 협동조합은 서로 다른 이해관계인을 포함된 조합원이 자주적, 자립적, 자치적인 협동조합 활동을 통하여 생활, 요양, 의료, 정서, 문화적 돌봄이 필요한 취약계층에게 사회 서비스를 제공하고 사랑과 섬김의 정신으로 함께 더불어 사는 사회를 만들어 사회복지향상과 지역사회 발전에 이바지하고자 활동하고 있다.

 아들 셋을 둔 엄마로서 아이와 함께 시작했던 독서 모임을 20여 년 지금까지 하고 있다. 어린이 독서 지도, 엄마 책상 갖기 독서 모임과 아버지 독서 모임 연구원 활동을 하였다. 독서는 나에게 성장을 견고히 만들어 주는 디딤돌이 되었다.

김차순

[저자 소개]
1. 행복을 드리는 협동조합 이사
2. 다산 정약용교육문화원 이사
3. 한국자살예방센터 교육국장
4. 작가, 강사, 블로그, 유튜브
5. 네이버 검색 : 김 차 순 /유튜브 검색 : @김차순-n4y

현재는 품성독서경영 지도자로서 책과 품성으로 꿈을 선물하고자 청소년 지도와 그림책하브루타 지도자로 활동하고 있다. 그림책을 통해서 삶을 통찰하고 글쓰기를 하고 있다.

이메일: kcs8036@naver.com

블로그: https://blog.naver.com/kcs8036

저자 연락처: 010-5495-8036

가족은요, 보기만 해도 웃음이 나는 거예요

가족은 꼬옥 안아주는 거야
글 박윤경 그림 김이랑

웅진주니어

「가족은 꼬옥 안아주는 거야」

박은경 글/ 김이랑 그림

● 함께 본 책 : 자녀를 위한 5가지 사랑의 언어 게리제프먼. 로스킴벨 지음/ 장동숙 옮김

남자와 여자가 둘이 만나 한 가족이 된다. 그 둘의 사랑으로 아기가 태어나자 부모가 된다. 이 가운데 가족의 신비함, 따듯함, 사랑의 손길 마음을 따뜻하게 그림책이다. 이 그림책을 보는 내내 행복해지는 그것이 무엇일까? 또 다른 가족을 받아들여 한 가족이 되는 이야기도 곁들여 주었다.

어느 날 새 가족 동생이 나타나서 자기의 사랑을 빼앗기듯 속상하지만, 차츰 혼자보다 둘이 함께하는 시간 속에서 행복한 모습을 담아낸 그림책이다. 게리제프먼은 「자녀를 위한 5가지 사랑의 언어」에서 사람들은 고유의 언어 체계를 가지고 의사소통하듯 사랑을 전달하는 데도 독특한 방식이 있다고 한다.

모든 아이는 사랑을 느끼는 자신만의 독특한 방식이 있으며 자기의 사랑을 이해하고 전달한다. 그리고 우리 부모들은 자녀에게 맞는 제1의 사랑의 언어를 구사하면서 동시에 다른 사랑의 언어도 함께 구사해 주어야 한다고 말한다. 그렇게 해줄 때 그들의 사랑의 그릇은 충분히 채워지고 자녀들은 늘 안정감을 느끼며 모든 면에서 자기 능력을 발휘할 수도 있다.

모든 자녀는 자신에 대한 부모의 사랑을 가장 이해할 수 있는 제1의 사랑의 언어를 가지고 있다. 자녀의 제1의 사랑의 언어를 어떻게 알 수 있으며, 어떻게 구사할 것인가를 알려주며 자녀들이 당신의 사랑을 아는 데 도움이 되는 제가지 다른 일상적인 사랑의 언어를 알려줘야 한다.

이 그림책 『가족은 꼬옥 안아주는 거야』 가족에 대한 애틋한 사랑 주옥같은 문장을 담았다. 가족의 존재 의미를 따뜻하게 잘 보여준다….

가족은요, 사랑으로 보살펴 주는 거예요
가족은요, 보기만 해도 웃음이 나는 거예요
가족은요, 함께 하는 게 많은 거예요
가족은요, 좋은 일이 생기면 모여서 축하하고 슬픈 일이 있을 때는 서로 위로해 주는 거예요
가족은요, 때때로 다투고 서로 미워질 수도 있어요
가족은요, 내가 알아야 할 소중한 것을 가르쳐 주어요
가족은요, 멀리 떨어져 지내면 금세 보고 싶어지는 거예요

우리 가족은 다섯이고 고양이 두 마리를 키우고 있다. 고양이도 나의 가족이라 말하고 싶다. 남편은 늘 바쁘고 힘들었지만, 아들들과 놀아주려 틈틈이 시간이 날 때면 인라인 스케이

팅을 타도록 잡아주고 자전거를 가르쳐주었다. 아들들을 키워보니 남편의 몫 남자의 역할이 꼭 필요하다. 몸으로 놀아줘야 하는 일들이 많다. 몸의 근육도 필요하고 마음의 근육도 필요하니 남편은 우리 집 가훈을 만들어 기준을 세워주었다.

우리 집 가훈을 소개해볼까 한다.
[영혼은 기도, 마음은 독서, 육체는 운동]

[영혼은 기도]
 온 가족은 주일이며 함께 교회에 다녔다. 남편과 나는 교회에서 교제하여 결혼하였다. 그리고 아들 셋을 기독교 대안학교 '임마누엘교회 부설 전인 학교'에 다녔다. 5학년이면 미국을 다녀온 후, 홍천에 있는 기숙사에 들어가서 생활을 하였다. 홍천 전인 학교에서 언제나 운동을 하는 아이들을 보는 것이 참 좋았다.

 지금도 운동을 좋아한다. 셋이기 때문에 운동하는 팀플레이가 되기도 하여 형제애가 더욱 좋을지도 모르겠다. 아이들은 경쟁 속에서 사는 날보다 자연 속에서 행복한 날들이 많았던 같다. 그래서 심성이 예쁜 아이들이다. 물론 정규고등학교에 가셔는 힘든 시기를 견디어주고 잘 해줘서 감사하다.

어릴 때 자연 속에서 맘껏 뛰놀던 아름다운 시기들이 있어 행복하다고 말해주니 더욱 행복해진다.

[마음은 독서]

막내가 한 살 때부터 데리고 다니면서 시작한 독서 모임을 지금까지 하고 있다. 이렇게 시작한 독서 모임은 나에게 힘든 육아도, 고된 생활도 바쁨 속에서 삶의 활력소가 되기도 하였다. 남편도 아빠 독서 모임을 하면서 함께 책을 읽고 교육적 가치관을 가질 수 있어서 참 좋았다.

세 명의 육아에 지쳐 '비움'에 상태를 넘어 '고갈'이 될 때 '독서'는 '채움'으로 나를 넉넉하게 해주었다. 항상 배움이 갈망이 있어서인지 나에게 아이들과 함께 독서는 아이들에게 삶의 지표가 되고 삶의 자양분이 되었다. 지금도 큰아이 새윤이와는 같은 책을 읽으면서 의사소통을 하고 있다. 다른 자녀들에게 책을 권해주기도 한다. 독서는 대화의 창이다.

언제나 열려있고, 서로 대화의 주제를 통해 이야깃거리를 꺼내기도 한다. 독서를 통해 삶은 서로에게 삶의 풍성함을 주기도 하고 지금도 책 속에 있을 때 마음이 편해진다. 독서는 열매다. 무엇을 원할까? 생각의 끄트머리에서 생각의 고리를 연결해주니까.

[육체는 운동]

아들들은 삶이 힘들 때, 한바탕 운동을 하고 몸을 풀고 스트레스를 해소한다.. 운동은 육체를 튼튼하게 하지만, 정신도 맑게 하는 것 같다. 대인관계도 좋은 유익을 주기도 한다. 혼자 하는 운동보다 여럿이 하는 운동이 재미있으므로 친구들을 모으고 같이 놀고, 맛있는 것도 먹고 그러다 보니 든든한 관계 유지 할 수 있다.

남편과 아들 셋이고 남자만 4명인 우리 집, 남들은 삭막하지 않냐고요? 묻곤 한다. 그렇지 않다. 재미있는 둘째 새 만이의 유머와 아재 개그 덕분에 빵 터질 때가 많다. 거실에 스포츠를 같이 보고 성인이 된 아들들과 '치맥'을 즐기기도 하고 함께 스포츠경기를 보면서 이야기를 나눈다….

그 예쁜 모습이 되어 언제나 사랑스러운 아들들, 남자라는 특성 때문에 사랑의 언어 중 '육체적인 접촉' 신체접촉이 약하기도 한다. 두 번째 '인정해주는 말'도 노력하고 있다. '함께하는 시간' 주일이면 만나서 저녁을 먹고 함께 시간을 보내고 있다. '선물' 기념일을 꼭 챙긴다. 아들이어서 제가 요구는 하지만 따라준다….

'봉사' 집에서는 '하루에 1가지 봉사' 정해서 한 가지 일을 하곤 한다. 그리고 '나그네 집' 지체 장애 어르신들이 거주한 곳을 찾아가서 10여 년 가까이 함께하고 있다. 그 속에서 타인에 대한 배려와 가치를 배우고 있다.

"가족은요,
언제나 꼭 안아주고 싶은 거예요
가족은 함께 있으면 마음이 흐뭇하고 행복해지는 거예요"

가족이기에 함께 할 수 있고, 가족이 있어 행복하다는 우리 집 "가족은 함께 있는 것만으로 그 존재 자체가 참 좋아요"라고 큰아들 새윤이는 말한다. "우리 집에 들어서는 순간, 난 집에서 쉼을 얻어요." 집이 편안하다는 말에 감사하기만 하다. 서로 역할을 감당하고 집안일도 솔선수범 해주는 아들들 덕분에 힘이 나고 위로가 된다. 가족은 풍성한 사랑의 열매이다.

어려울 때 우리 가족은 함께 해요

폭풍이 지나가고
글.그림 덴 야카리노

「폭풍이 지나가고」

댄 야키리노 지음 / 김경연 옮김

● 함께 본 책 : 「사랑의 기술」 심리학자인 에리히 프롬 지음

『폭풍이 지나가고』 그림책에 나오는 문장을 담아 보았다.

"폭풍이 몰려왔어요.
이런 폭풍은 처음이었어요.
폭풍이 언제 끝날지 아무도 몰랐어요.
어쩌면 아주 오랫동안 집에만 있어야 할지도 몰라요."

「폭풍이 지나가고」는 어려운 시간을 통과하는 가족의 부정적인 감정과 집안의 분위기를 생생히 그려 내는 그림책이다. 이 그림책을 넘기면서 '폭풍'이라 읽는데 '코로나'가 떠오르는 경험으로 읽힌다. 언제 끝날지, 얼마나 큰 위력을 지녔는지 알 수 없는 전염병의 등장으로 전 세계가 위축되고 일상이 통제되었던 기억이 생생하기 때문이다.

세상의 모든 가족은 폭풍같이 예기치 않게 찾아오는 어려움을 겪을 때가 있다. 이때에는 가족이라도 함께 있는 것이 어색하고 서로 신경을 곤두세우고 화를 내기 쉽다. 그래서 차라리 혼자 있는 게 좋다고 생각하지만, 더 큰 어려움 앞에서는 그래도 가족이 가장 먼저 생각이 나는 이유는 뭘까? 이 책의 가족도 한밤중에 더 큰 폭풍이 몰아치자 누가 먼저라고 할 것도 없이 한자리에 모였다. 그러자 뭔가 달라지기 시작하였다.

폭풍은 여전히 몰아치고, 집안에만 있어야 하는 상황도 그대로인데 함께하는 것이 점점 좋아지고 있었다. 이처럼 가족끼리도 모든 관계처럼 어려움 속에서는 마음이 갈라지고 서로에게 상처를 주기도 가족이기 때문에 강력한 회복력 또 한 가지고 있다고 이야기하고 싶어 하는 것 같다. 목소리 높여 싸우고 나서도 어느 순간 얼굴 보고 웃고 있고, 토닥거리면서도 어느새 붙어 있는 가족만의 놀라운 회복 탄력성이 폭풍과 같은 어려움을 넘어서게 한다..

함께하는 가족의 존재가 위기를 극복하는 데 얼마나 큰 힘이 되는지를 감동적으로 보여 준 그림책이다. 가족이 함께 하는 공간에서 함께 머문다는 것 쉬울 것 같았지만 쉬운 일이 아녔다. 어느 날 갑자기 찾아온 '코로나 19' 어느 날 '질병 관리소'에서 온 한 통의 전화, '이새진님이 계신 기차 안에서 코로나 환자가 발생하여 근접 감염자로 판정이 났습니다. 격리 대상입니다. 절대로 밖으로 나가면 안 됩니다. 알림 사항을 꼭 숙지하여주십시오'

정말 하늘이 무너지는 듯한 무한한 감정, 모든 일은 '멈춤' 빨간 신호등을 켜야만 하였다. 국가적 질병 감염병자로 분류되어 격리하는 사회적 분위기 나가는 것조차 어려운 상황이었다. 새진이에게 밥을 따로 넣어주어야 하는 것과 가족들은 가족대로 따로 밥을 먹어야 했다. 모든 물건을 매일 소독을 하고 관리를 하는 것은 더 힘들었다. 가족이 같이 먹어도 은근히 서로 조심스러웠다.

이런 시기에 여행을 다닌 새진이가 원망스럽고 조심하지 않았다는 그 사실에 화가 났다. 눈길로 말로 원망스럽게 투박스럽게 말을 하였다. 이렇게 2주 동안 집에 갇혀 지내며 견뎌내야만 하다니, 정말 눈앞이 깜깜하였다. 이렇게 일주일이 지났다. 또 일주일이라는 시간을 견뎌내야만 하는 방법뿐이 없었다.

『폭풍이 지나가고』 그림책에서도 가족은 원치 않는 자연재해로 모든 가족이 갇히게 되자, 서로 불편함을 호소하기만 서로 이해하려 하지 않을 때 모두가 힘들어진다. 이처럼 우리는 현재에 충실하지 못할 때 후회하며 원망하게 된다.

"아침이 되었어요. 뭔가 달라졌어요.
폭풍이 그친 건 아니었어요
폭풍이 여전히 몰아쳤어요.
집 밖으로 나갈 수도 없었어요

모두 함께 집에만 있어야 했어요
대체 무엇이 달라졌을까요?

정신분석학자 함께 심리학자인 에리히 프롬「사랑의 기술」에서 이렇게 말하였다. **정신을 집중한다는 것은 전적으로 현재에, 지금 여기에 살고 있다는 것**, 따라고 지금 무엇인가 하고 있으면서 다음에 해야 할 일은 생각하지 않는다는 뜻이다. 말할 것도 없이 정신 집중은 서로 사랑하고 있는 거의 모든 사람이 실행해야 한다.

사랑이란 습관적으로 만나서 밥을 먹고, 얼굴만 본다고 저절로 완성되어가는 것은 아니다. 진심으로 상대의 눈을 바라보고, 누군가의 말에 귀 기울이며 무엇에 관심이 있는지, 오늘 하루는 어떻게 보냈는지 감정을 나누는 것이다. 우리는 이번 계기로 가깝고도 먼 가족 간의 거리를 인식하게 되었다. 부모와 자녀의 간격도 관계를 위해 노력과 이해가 필요하다.

우리는 사실을 받아들이고 인정하기로 하였다. 우리 가족의 미소가 보였다. 하나는 방 안에서 다른 가족은 문밖에서 서로의 안부를 묻고, 얼마나 아픈지, 열은 몇 도인지, 계속 체크해 가면서 건강을 걱정해주었다. 새진이도 바로 그 상황을

즉시 전달해 주었다. 이처럼 어쩔 수 없는 상황에 우리는 무력함을 호소할 상황을 이루어지는구나! 행복은 그리 대단할 필요가 없다는 사실을 알려주었다.

이 주 후 새진이는 보건소에 가서 코로나 검사를 받고 완치 판정을 받았다. 작지만 소중한 것들에 대해 생각해보는 시간이 되었다. 행복은 너무 거창하게 생각하지 말고 내가 좋아하는 사람, 우리 가족들이 함께하는 시간, 서로 얼굴을 이것이 바로 행복을 찾는 비밀 열쇠였다.

『폭풍이 지나가고』처럼 무관심, 다툼, 신경질, 분노, 즐거움, 기쁨 등 가족 사이에 나누는 다양한 감정이 강렬한 선과 부드러운 색감으로 생생히 묘사되어 있다. 특별히 폭풍이 지나가고 눈부시게 내리쬐는 햇살은, 코로나 팬데믹을 통과한 우리 가족은 오랫동안 떠올리게 할 것이다.

시간 속에서 나를 발견하는 시간

「엄마는 왜?」

김명진 글, 그림

● 함께 본 책 : 「변신」 카프카 지음

일 초, 일 분, 한 시간, 하루, 일 년?. 시간은 쉬지 않고 흘러간다. 시간은 절대 멈추지 않고, 흘러간 시간은 다시 되돌릴 수 없듯이, 이런 우주의 법칙 속에서 세상에 있는 많은 것들은 끊임없이 변한다. 시간의 모습은 보이지 않지만, 우리는 시간의 흐름을 볼 수 있다

아이는 자라고, 연필은 짧아지고, 감자는 싹이 나고, 마치 흔들리는 나뭇잎을 보고 바람의 존재를 알 수 있는 것처럼 시간이 흐르면 과연 모든 것이 변하는 걸까? 흘러가는 시간 속에 변해가는 많은 것과 변하지 않는 어떤 것, 그것은 가족이 아닐까 생각해본다. 아들 셋을 둔 엄마로서 아이들이 태어나서 엉금엉금 기어 다니고, 두 발을 딛고 일어섰을 때 그 감격은 말할 수 없이 감격스러웠다.

그런 아이들이 청년기가 되었다. 오롯이 자라 각자의 역할을 하니 기쁘기도 하다. 그러나 마음 한쪽에 '나라는 사람은 어떤 사람인가?' '엄마의 자리는 어떤 것일까?' '엄마는 무엇 그 때문에 존재하나?' 하는 생각이 잡초처럼 끈질기게 돋아나고 있었다. 아이들이 나가면 너부러진 옷가지들, 수북이 쌓여가는 빨랫감들, 그림책의 엄마처럼 한숨밖에 나오지 않는다.

『엄마는 왜?』 그림책 통해 엄마의 고단한 하루 일상을 엿볼 수가 있었다.

"엄마는 요즘 창밖을 바라보는 일이 많아졌어요.
아빠와 미르, 그린이는 자주 엄마 탓을 했어요.
"엄마 때문에 만화 영화 못 봤소!"
"엄마 때문에 선생님께 혼났잖아."
"집에서 종일 뭐한데 그거 하나 못 찾아 놔"
엄마가 힘없이 대답했어요.

"뭐하긴요, 집안일 하지....."

그리고 평소와 다르게 방으로 들어가더니 조용히 잠이 들었어요. 멍하니 엄마를 바라보던 아빠, 미르, 그린이는 깜짝 놀랐어요. 엄마가 곰으로 변한 거예요 그다음 날 아침까지도 엄마는 곰의 모습으로 잠들어 있었어요."

나도 이처럼 가족들에게 어떤 존재로 다가서는지 모르겠다. 한 마리의 곰이 되어 숨을 고르고 싶다. 이 가족들은 어떨까?

"아빠는 출근길에 그린이를 등원시키고
퇴근 후에는 엄마 곰을 돌봤어요.
미르는 아빠를 도우며 그린이를 보살폈고요.

그린이는 사과만 먹는 엄마 곰을 위해 열심히 사과를 닦았어요. 그리고 할머니가 주신 청진기로 매일 엄마 곰에게 물었어요

엄마…. 언제 돌아와?"
엄마 곰은 대답이 없었어요."
대답이 없는 엄마 곰을 바라보는 가족을 보니 마음이 아련해진다.

생각나는 책이 있다. 그것은 카프카의 『변신』이다, 주인공 그레고르가 어느 날 잠에서 깨어났을 때 한 마리 벌레로 변신한 이야기이다. 벌레로 변한 그레고르는 아버지가 던진 사과에 심한 상처를 입는다, 그 후 서서히 죽어가는 모습은 '가족의 진정한 의미에 대해서 다시 한번 생각하게 한다.'

가족이란 무엇일까? 생각하게 한다. 장재형 작가의 「내 곁에서 내 삶을 받쳐주는 것들」 인용해보았다. 독일의 철학자인

헤겔은 『법철학』에서 '가족은 정신의 직접적 실체 성으로 사랑이라는 감정상의 통일을 기초로 성립된다.'라고 말한다, 즉 가족 간의 사랑을 통해 나와 타자의 일체성을 의식하는 것이다. 헤겔은 가족을 완성하는 첫 번째 측면을 결혼이라고 말한다, 남녀가 서로 사랑이라는 감정으로 결혼을 해서 부부 사이에 그 사랑의 완성은 자녀를 통해서 완성된다는 것이다.

하지만 카프카의 『변신』에서 가족은 어떠한가? 그레고르 잠자는 벌레로 변신하기 전에 외판사원이었다. 온 식구들의 낭비를 감당할 수 만큼 많은 돈을 벌었다. 벌레로 변신한 이후 가족은 생계를 이어가기 위해 각자 일을 해야 했고 일에 지친 가족들은 누구도 그레고를 더 이상 걱정하거나 돌보지 않았다. 결국 벌레로 변신한 그레고르는 사랑하는 자신의 가족 구성원에서 배제되었다. 사랑의 관계가 끊어져 그들 사이에는 깊게 고랑이 파였다.

그러나 이 그림책은 곰으로 변신한 엄마를 위해 할머니는 청진기를 주신다. 그리고 미르는 매일 엄마의 목소리를 듣고 싶어 청진기로 되고 이야기를 하고 물어본다. 곰으로 변신한 엄마는 사과만 먹었다.

어느날 아빠는 곰곰이 생각을 한다. 엄마가 무얼 하고 싶은 걸까?? 엄마가 원하는 것이 무엇인지 생각하기 시작했다는 것이다. 엄마에게 피아노 선생님을 데리고 와서 피아노를 치도록 하였다. 그리고 엄마의 연주를 할 수 있도록 하였다.

가족의 사랑과 헌신 엄마에 대한 배려가 엄마를 삶의 의미가 있게 하였다. 엄마가 하고 싶은 것을 찾아주고 잘 할 수 있도록 응원해주는 가족의 모습이 참 아름답다. 엄마의 연주회를 하기로 하였다. 엄마의 떨리는 마음 또한 우리에게 고스란히 전달된다.

"엄마 곰의 연주 순서가 다가오자
가만히 앉아 기다리던 엄마 곰이 밖으로 나가려고 했어요
그린이가 서둘러 엄마 곰 가슴에 청진기를 댔어요
"엄마가 떨려서 못하겠대 그냥 집으로 가겠대"
아빠와 미르, 그린이가 엄마곰을 말렸어요. 미르가 말했어요.
"엄마 열심히 했잖아 그러니까 꼭 연주해야 해. 엄마가 연주하는 거 보고 싶어"
아빠와 그린이도 말했어요.
"나도 보고 싶어"
아빠, 미르 그린이는 엄마 곰을 꼭 안아주었어요."

그러자 무슨 일이 벌어졌을까? 피아노 연주가 끝나자 거짓 말처럼 엄마 곰이 엄마로 변했다. 엄마의 모습으로 다시 돌아온 것이다.

그러나 변신의 그레고르는 그들에게 존재하지 않았다. 허우적거리면서 겨우 버티던 그레고르는 자신이 사라져야 한다는 단호한 생각을 한다. 결국 아버지가 집어 던진 사과에 등에 박혀 썩은 사과와 함께 서서히 죽어갔다. 가족을 위해 일을 하던 그레고르는 가족의 무관심 때문에 서서히 죽어가면서 자신의 가족들 감동과 사랑으로 회상하며 쓸쓸히 죽음을 맞이한다..

두 이야기를 통해 나는 어떠한 존재로 있어야 했나? 생각해본다. 인간은 혼자서 살 수 없다. 타인들과의 관계에서 우리는 인간다움을 형성한다, 우리는 사람들 속에서든 집에서 직장이든 외로울 수 있다. 우리가 외로움을 극복하려고 발버둥치며 노력한다. 해도 외로움은 시시때때로 우리를 맞아 떨어뜨린다. 외로움도 나 자신의 일부라는 사실을 인정하면 마음이 더 편안해질 것이다.

설렘으로 기다리던 추석, 그 어릴 적 기억으로

솔이의 추석 이야기
글 그림 이억배

길벗어린이

「솔이의 추석이야기」
글, 그림 이억배
● 함께 본 책 : 「어린왕자」 생텍쥐페리 지음

『솔이의 추석 이야기』 점점 잊혀 가는 추석의 모습을 잘 나타낸 정겨운 그림책이다. 한 장 한 장 그림을 넘길 때마다 **고향**의 **푸근함**과 **가족끼리의 사랑**, **이웃들의 정**을 함께 나누는 우리의 아름다운 전통 풍습의 의미를 되새기며 볼 수 있는 그림책이다. 복잡한 도시의 삶을 살다가 명절을 맞아 긴 행렬을 감수하며 고향을 찾는 모습에서 『솔이의 추석 이야기』의 그 장면들에서는 '감흥의 원형' 같은 것을 발견하기도 하다.

고향 집 풍경과 그 동네 풍경이 자아내는 깊고 고즈넉한 삶의 정서를 그려내고 있을 뿐만 아니라, 우리 민족이 품었던 따뜻한 온정을 그리고 있기 때문이다. 『솔이의 추석 이야기』 그림책을 보면 표지부터가 정겨운 책이다. 황금들판처럼 벼는 노랗게 익어가고 밤나무에는 밤이 뚝뚝 떨어지는 계절, 햇과일과 햇곡식이 나오는 추석.

이 책은 앞표지, 뒤표지를 잘 살펴보면 추억 앨범을 보는 느낌이 든다. 앞표지에는 마을 앞 누런 논을 따라 솔이네 가족이 걸어가는 모습. 성큼성큼 걸음도 빠르고 얼굴에는 미소도 한가득. 반가운 가족을 만날 생각에 기분이 좋아 진다.

뒤표지는 보자기를 풀어 놓은 모습. 시골에서 싸주신 아직

푸른빛이 감도는 둥근 호박과 참기름병 같은 것이 2개 보이고 꿀 항아리 같은 것도 3개, 옥수수, 감이 보이고. 정겨움이 묻어난다. 이 그림책 한 권을 통해 명절을 다녀온 사람의 일상을 그대로 그려놓은 것 같다.

명절 하면 떠오르는 단어 하나는 '민족 대이동'이라는 것이다. 서울에서 정읍 8시간~10시간 평상시보다 2배 넘게 걸리는 시간이기에 고통스럽게 생각하며 꽤 힘든 시간이지만 나는 시골이 내려가는 것이 좋았다. 힘들고 어려운 시간이지만 명절에서만 맛보는 즐거움이 있다. 집에 가면 언제나 음식을 가득 명절에서만 볼 수 있는 흥미로운 맛과 멋을 좋아하였다.

한 달을 하루처럼, 기다렸을 엄마가 있기 때문이다. 엄마의 손길은 바쁘기만 하다. 무엇이든지 먹을 것을 내놓고 가족들의 이야기를 듣고 싶어 하셨다. 저녁에 송편을 만들며 둥근 달도 본다. 둥근 달을 보며 무슨 생각을 했을까? 정말 간절한 소원을 빌었다. 토끼가 방앗을 찧고 있는 동화를 기억하며 둥근달을 오랫동안 바라보았다.

그 달을 지금도 사랑한다. 그 속에 토끼 대신에 엄마를 마음에 담아두고 달을 보면 엄마를 그리워한다.

꼬불꼬불 산길을 따라
온 가족이 성묘를 갑니다.

음식과 돗자리를 들고 앞에는 어른이 앞장을 서고 줄줄 뒤따라 산에 갔던 기억이 있다. 그러면서 가족, 조상에 대해 자연스럽게 알 기회가 된다. 산소는 깊은 산속에 있어 어떻게 그렇게 찾아다닐 수 있었을까 싶었다. 노을 진 석양이 지는 저녁녘에 옹기종기 가족들이 모여 빚어낸 송편을 먹고 달콤한 알밤을 먹었던 기억이 생각이 난다.

마을 사람들이 어우러져 덩실덩실 풍물 장단에 맞춰서 춤을 추고 강강술래를 통해 온 마을이 한 가족이 되는 기분이다. 할머니, 할아버지, 이렇게 마을 사람들과 한마음이 되어 흥겨운 축제 분위기가 되는 추석 한가위이다.

이 그림책을 보고 있노라면 엄마 생각에 그리움이 사무친다. 그리고 어릴 때 집에 너무 가고 싶다. 그러나 지금은 그 집도 없다. 부모님도 없다. 집 옆에 텃밭도 없어지고 감나무, 자두나무, 포도나무, 또 가을이면 하얀 꽃을 만발하는 알밤나무도 없다. 그저 기억 속에 한편의 그림으로 남아 있다. 지금도 저 멀리서 엄마가 텃밭에 다녀와 알밤 한 봉지를 내려놓고 '알밤 쪄서 기다려라' 하며 또 일하러 나가신 것 같다. 지금도 일하러 나가신 엄마는 돌아오지 않고 있다.

  사랑은 이처럼 그 사랑을 완성하는데 걸리는 기간의 문제도 중요하다. 우리의 사랑이 진정한 사랑이라고 부르기 위해서는 지속하여야 하며 그 기간 동안 서로에게 길들여지는 과정이 필요하다. 어린 왕자처럼 이 세상에 오천 송이나 되는 장미꽃들보다 자신의 행성에 있는 한 송이 장미꽃이 오직 하나뿐인 소중한 존재임을 깨닫는 것처럼 나에게는 그 소중한 존재는 '엄마'이다.

  어린 왕자는 자신이 그 장미꽃에 물을 주고 바람막이로 보호해주며 애벌레도 잡아주었다는 사실을 기억한다. 또한, 불평하거나 화를 내더라도 말 없는 침묵까지 들어주었던 사람, 그러므로 그 장미꽃은 어린 왕자의 것이었다. 나에게 어린 왕자는 엄마이기 때문이다.

  사랑이란 꽃과 흙의 관계처럼 묵묵히 모든 것을 받아준다. 흙은 꽃을 피우지만, 흙은 꽃에 아무것도 바라는 것이 없다.

그저 꽃이 아름답게 피고 자라는 데만 묵묵히 밑거름이 되어 줄 뿐이다. 또 꽃잎이 떨어지면 흙은 말없이 받아준다. 서로에게 맞는 대상이 되기 위해 꽃은 흙의 성징을 받아주고 흙 또한 꽃이 피는 과정을 지켜보며 양분을 제공한다, 그렇게 엄마와 나는 그렇게 길들었다. 그리하여 사랑이라는 결실을 본다. 그리움이란 집을 지었다.

그리운 엄마의 기다림 '우리의 인생은 기다림이다'

엄마마중
글 이태준 그림 김동성

보림

「엄마마중」

이태준 글.그림/ 김동성그림
● 함께 볼 책 : 「고도를 기다리며」 사무엘 베케트

『엄마마중』 그림책은 전차 정류장에서 엄마를 기다리는 아이의 이야기다. 정류장으로 들어오는 전차의 차장에게 엄마가 언제 오는지 묻는 게 줄거리의 전부이다. 짧지만 강렬한 글만으로도 엄마를 기다리는 아이의 마음이 잘 전해지지만, 그림으로 표현된 아이의 행동과 표정을 따라가다 보면, 처음에는 귀엽게만 생각되던 아이의 모습이 점점 더 간절하고 가슴 뭉클할 만큼 애잔하게 느껴지면서 가슴이 뭉클하다.

아이의 간절한 마음처럼 엄마를 간절히 기다렸다. 눈이 오는 날이면 더욱더 그리움이 사무친다. 길이 막혀 차가 들어오지 않을까 노심초사하면 엄마를 기다렸다. 지금도 가끔 엄마가 돌아오지 않는 꿈을 꾸다가 운 적이 있다. 엄마는 가을걷이가 끝나면 장사를 하려 다녔다. 오빠네 집으로, 친척 집으로 대추와 고추를 팔려 다녔다. 엄마 오기를 항상 기다렸다. 오실 때면 엄마는 꿀 꽈배기, 새우깡을 사 오셨다. 어쩌면 엄마가 사 오는 과자가 기다려지기도 하였다.

그 과자를 받아든 순간 엄마를 간절히 기다렸던 그 마음은 잊고 과자에만 온 정신을 기울이다. 또 오빠에게 빼앗기지 않으려 숨겨 놓기도 하였다. 그 시절은 간식이 정말 귀했기 때문에 벽장에 감춰두고 조금씩 먹었던 기억이 난다.

어느 날, 엄마는 원피스를 사 와서 거울 앞에서 보고 계셨다. 내 옷을 사 오지 않았다고 삐져서 한참을 울었던 기억이 난다. 지금 생각하면 내가 왜 그랬을까? 엄마도 예쁜 옷을 입어 보고 싶었을 것이다, 내 것 없다고 울었으니, 우리 엄마는 얼마나 속상하고, 실망했을까? 그 모습이 눈에 선하다.

예쁜 옷을 보면 엄마 생각에 옷을 한참 바라보며 서 있는 나를 보게 된다. 엄마는 결혼 하기 전 돌아가셨다. 나 또한 지금도 꼬마 아이처럼 간절한 마음으로 엄마를 기다리고 있다. 이별은 떠나는 사람과 남겨진 사람 모두에게 슬픔과 아쉬움이라는 감정을 남긴다, 이별의 슬픔을 항상 마음에 지니고 살아가고 있다.

이별의 슬픔은 다시 만날 수 있다는 희망으로 기대하며 기다리는 마음이다. 사랑하는 사람은 떠난 것이 아니라 곁에서 머물러 단지 '침묵'하는 것인지도 모르겠다. 우리의 삶은 「오즈의 마법사」 주인공들이 오즈의 나라, 에메랄드 시로 가는 노란 벽돌길을 따라 걸어가는 것과 같다,

등장인물들은 노란 벽돌 길을 따라 걸으며 자신이 원하는 것을 얻기 위해 삶이 주는 도전을 기꺼이 받아들여야 한다,

우리의 삶은 한편의 아름다운 여정이다. 슬픔이 가득할 때는 슬픔에 기대야 한다. 슬픔을 극복하려고 하는 사람이 가장 먼저 해야 할 일은 슬프다는 사실을 인정하고 받아들인다, 그리고 무뎌지는 것, 용수철처럼 튀어나온 슬픔을 평범하게 두드려 평온함을 유지하는 것이다.

어쩌면 나는 엄마의 부재를 아직도 수용하지 못한 듯하다. 아마도 억압의 기제로써 나를 대하는 것은 아닐까? 이 책을 보면서 엄마를 기다라는 아이의 마음이 절실하게 느껴진다. 어린아이가 정류장에 나와서 엄마는 기다리는 장면, 차장에게 엄마 언제 오느냐고 묻는 장면

"우리 엄마 안 오?",

코끝이 빨개지도록 기다리는 어린 아기의 기다림, 그 자리에서 아기는 만날 날을 기다리고 있는지도 모르겠다. 우리는 누군가를 기다리며 살고 있지는 않은가? 나는 마음속 깊은 곳에 엄마를 떠나보내지 않고 있었다는 것을 이 책을 통해 발견하였다.

이제는 엄마를 떠나보내기로 하였다. 그만큼 슬픔의 크기를

받아들일 준비가 되어있다는 것인지도 모르겠다. 그만큼의 마음의 근육이 단단해졌나 보다.

내일이 온다는 그 고도가 설사 내일 오지 않더라도 또다시 기다림을 시작하며 지금 나 자신에게 주어진 길을 가야겠다. 기다림이 우리에게 시간을 주고 시간은 우리에게 기다림을 준다. 우리에게 필요한 것은 기다릴 줄 아는 지혜로움일지도 모르겠다.

따뜻한 희망을 피워내는 힘!

리디아의 정원
글 데이비드 스몰 그림 사라 스튜어트

시공주니어

「리디아의 정원」

사라스투어트 글. 데이비드 스몰 그림/ 이복희 옮김

● 함께 본 책 : 「버지니아 울프의 정원」 개럴라인 줍 지음, 메이 옮김, 캐럴라인아버 사진

『리디아의 정원』편지 형식으로 쓰인 귀여움이 돋보인 그림책이다. 리디아의 모습과는 달리 한 장씩 넘기면서 변해가는 건물의 모습과 삼촌의 무뚝뚝함이 대비되면서 많은 생각이 교차되기도 하다. 리디아가정사 어려운 생활환경이 고스란히 드러나 있다.

갑작스러운 아빠의 실직과 엄마의 일까지 어려움이 겪으면서 리디아는 삼촌 집 빵 가게로 떠나는 장면은 가슴이 아려온다. 혼자 기차를 타고 가는 리디아의 마음은 또 어떨까? 그렇지만 리디아는 씩씩하다. 희망을 잃지 않고 묵묵히 받아들이며, 할머니와 함께할 시간을 생각하며 삼촌 집으로 간다.

누구나 경제의 어려움은 오기도 한다. 나 또한 어려운 시기를 겪어본 적이 있다. 어느 분의 파산으로 최대의 위기를 겪었던 우리 가족이다. 그때 남편의 결단이 우리 가족을 건져낸 것이다. 그만 두었던 식당 영업을 개시 해 보고 싶다는 것이다. 생각 틈도 없이 해야 한다는 남편의 말을 적극적으로 지지해주었다.

가게를 얻기 위해 빌려드렸던 돈을 받을 수가 있던 중 그 지인분의 안타까운 소식을 들을 수가 있었다. 남편의 망연자실한 모습이 눈에 선하다. 그 때는 많이 힘들었지만 힘들어하는 남편의 모습을 보고 다른 말을 할 수가 없었다. 이미 '엎질러진 물'이니 담을 수가 없듯이, 우리는 있는 그대로 받아들일 수밖에 없었다.

 파산을 당한 그분도 그와 같은 상황에 몰리면서 그러했으니, 달리 원망도 할 수 없었다. 남편과 나는 다시 한번 힘껏 해보자는 마음으로 재기를 할 수가 있었다. 그때 망연자실한 모습을 불평하고 원망했다면, 현재 우리의 모습은 어떠했을까 생각해 보았다.

 리디아 또한 웃지 않는 삼촌을 위한 비밀정원을 만든다. 그곳에서 환경의 변화가 오기 시작한다. 이처럼 모든 시작은 작은 변화에서 오는 것처럼, 리디아는 작은 씨앗을 할머니로부터 받아 심고 가꾼다. 주위 사람들의 관심이 오기 시작하였다.

 씨앗 심을 화분 될 만한 그릇을 리디아에게 챙겨주면서 리디아는 빵을 만드는 것을 도우면서 화초를 더 많이 심고 꽃을 피우기 시작한다. 이처럼 우리의 삶에도 변화는 작은 손길에서 시작하는 것 같다.

리디아의 작은 손길 하나로 비밀정원으로 만들어지는 것처럼 우리의 작은 관심 하나가 커다란 꿈이 되기도 하다. 결국, 웃지 않았던 삼촌에게도 희망의 반딧불을 밝혀주었다. 리디아처럼 '비밀정원'을 가꿀 때 희망의 꽃을 틔울 수가 있는 것처럼 나에게 나만의 비밀정원이 있었다.

　그것은 서재였다. 아이들과 함께 꽃을 피우는 곳, 그것에서 희망의 꿈을 키울 수가 있었고 마음의 안식처였다 방문의 가훈도 직접 목판에 새기기도 하였다. '영혼은 기도, 마음은 독서, 육체는 운동' 아이들과 함께 이 서재에 앉아서 책을 읽으면서 꿈을 키우고 그곳에서 자랐다. 이제는 어엿한 청년으로 자란 아들들을 보면 참 흐뭇하다.

　잠깐의 어려움을 잊고 현재의 시간에 열심히 살았던 그 순간들.지금은 지나간 시간이라 하겠지만, 그 순간 참 암담함이란 말로 표현할 수가 없었다. 사는 동안 우리에게 어려움은 많다. 리디아처럼 밝게 살아가는 지혜가 필요하다.

　『내 곁에서 내 삶을 받쳐주는 것들』 장재형 작가는 이렇게 말을 하였다. '살다 보면 크고 작은 우연한 사건들이 발생하기 마련이다 사소한 불행이 삶을 곧바로 불행하게 만들지는 못하지만 반복적인 불행은 고통으로 이어질 수 있다. 반면 하루하루를 소소하지만 좋은 일로 채워간다면 더욱 풍요로운 삶이 될 것이다.

행복은 어느 날 우연히 찾아오는 것도 아니며 행복한 삶을 방해하는 운명의 여신이 부리는 장난에 대항할 방법도 없다. 진정으로 행복해지고 싶다면 자신이 몰입할 수 있는 꿈을 찾는 것이 중요하다. 우리가 간절히 원했던 어떤 것을 한 번 성취한다고 해서 반드시 그것이 평생토록 지속하지 않는다.'

『버지니아울프의 정원』처럼 한 송이의 꽃을 피우는 마음으로 하루, 지금 순간을 잘 견디며 살아가는 것이 중요한 것이다. 그렇기에 따뜻함을 줄 수 있는 사랑의 손길이 필요하다.

함께한다는 것은!

쿠키 한 입의 사랑 수업
글 에이미 크루즈 로젠탈 그림 제인 다이어

책읽는곰

「쿠키 한입의 사랑수업」
에이미크루즈 로젠탈 글. 제인다이어, 브룩다이어 그림/ 최현경 옮김
● 「미술치료 요리책」 주리애 지음

쿠키를 굽는 잔잔한 일상에서 사랑을 설명하는 그림책으로 달콤함 뿐만 아니라 칭찬, 꾸지람, 기쁨, 괴로움 모두 다 사랑에서 뻗어 나온 가지라는 걸 이해하도록 돕는다. 가족의 사랑과 따스함을 되새기며 소통과 공감의 시간을 보냈다. 쿠키 한입으로 '사랑이 담긴 말' '우애가 깊다는 건' '다정하다는 건' '위로한다는 건' 표정 하나 놓칠 수 없었다.

나는 가족에게 어떤 말을 하고 행동하는지 생각해보게 하는 그림책이었다. 이번 아들과 튀르키예 여행을 가면서 이 책을 가지고 갔었다. 아들하고 10일동안 여행을 하면서 어떤 말, 다정하게 즐겁게 지낼 수 있을 것인가? 하면 생각해보았다.

그러나 첫날은 싸웠다. 우리 둘은 서로 표현을 잘하지 못한 것에 있었다. 서로를 배려하다 보니 감정이 쌓인 것이다. 그리고 서로에게 서운한 감정이 들었다. 결국, 노를 참지 못했다. 물어본다는 것이 화가 분풀이가 되어버렸다. 화를 내다보니 화가 가라앉지 않고 종일 씩씩거리면서 다녔다.

참 미안하였다. "당신의 말에 당신의 그릇이 보인다." 김윤아 저자가 말한 것처럼 '나라는 그릇이 종기 그릇이었구나' 생각이 들었다. 이 책을 보면서 다시 한번 생각을 해보았다.

다정하다는 것 이런 거야

"너 주려고 설탕 쿠키를 만들었어,
네가 가장 좋아하는 쿠키잖아"

좋아하는 쿠키 한입 먹으면서 서로 감정을 나누었으면 참 좋았을 걸 아쉬움이 남는 여행이었다. 사랑이 그윽하다 우리는 말로만 하지만 "사랑은 동사다" 재차 되새김질 해본다. 사랑은 말로만 하는 것보다, 하나의 행동이 있어야 한다. 이 그림책은 이렇게 말한다.

"위로한다는 건, 네가 쿠키를 새까맣게 태웠을 때 말없이 꼭 안아 주는거야" 위로하는 다는 건 꼭 안아주는 것이다. 어떠한 말보다 더 중요하리라 생각이 든다. 많이 걸어 걸을 수 없을 때 아들은 뒤에 살짝 밀어준다. 이 작은 힘으로 언덕을 힘차게 오를 수 있는 원동력이 되는 것처럼 작은 부력을 이용하여 우리는 삶의 부력을 가져야 함을 깨닫는 시간이 되었다.

참된 사랑이란 이런 거야 "나는 쿠키라면 다 좋아하지만, 이 쿠키는 정말 특별해, 이 마음은 앞으로도 영원히 변치 않을 거야" 영원히 변치 않는 것이란 무엇일까? 저 넓은 바다를 바라보면 저 만물은 변하지 않는 것이 아니라 순환이 되기 때문에 변하지 않는 것처럼 느껴진다. 이처럼 우리 마음을 흐르는 강물처럼 포용할 줄 알고, 수용할 줄 알며 기다려줄 줄 알아야 하지 않을까?

『미술치료 요리책』 주리애 작가는 인간관계에서는 "마음의 근육을 단련하자. 무엇을 하든지 어떤 말을 하든지 그것을 소화하는 능력이 중요하다. 인간관계에서 겪는 다양한 일들과 삶의 면면을 잘 소화하려면 마음의 근육이 있어야 한다. 그렇다고 너무 급하게 근육을 만들려 하지 말자,

조금씩 무리가 되지 않는 범위에서 차근차근 만들어 가는 것이 건강한 근육이 아닐까? 천천히 차근차근 꾸준히 해나가는 것이 중요하다."라고 말했다. 여행길에 함께 보았던 책 '쿠키 한입의 사랑 수업', 가슴의 따뜻한 온기가 지금도 함께 튀르키예를 여행하고 있는 듯 사랑의 인생 수업이 늘 필요하다.

그렇기 위해서는 사랑의 말 한마디가 마음의 근육을 단단하게 해줄 것이다. 격려하는 말은 마음의 상처에 연고가 되는

말이다. 함께 한다는 것 또한 가장 멋진 동행이지 않을까 생각해본다.

5장

사랑으로 묶인 우리, 가족의 시작

서로를 찾아가는 여정, 사랑의 재발견

파란 조각
글.그림 백찬미
모든요일그림책

뭉치와 나
글 알리시아 아코스타 그림 메르세 갈리
명량한해당

개미 요정의 선물
글.그림 신선미
창비

폭풍이
글.그림 귀장
시공주니어

빼꼼이 엄마
글.그림 백희나
스토리보울

교육 현장에서 쌓은 경험을 바탕으로, 아이들이 상상력과 창의력을 키울 있도록 돕는 작업에 깊은 애정을 가지고 있습니다. 그림책 편집장으로서 다양 작품들을 선보이며, 아이들의 마음을 울리는 감동적인 이야기를 만드는 데 중 한 역할을 해왔습니다.

특히, 교육강사로서 아이들에게 동기부여를 주는 능력을 발휘하며, '학습은 거운 경험'이라는 신념 아래, 교육의 중요성을 깊이 이해하고 있습니다. 웅진 부방 교사로서 아이들의 학습에 실질적인 도움을 주는 동시에, 창의성과 문 해결 능력을 키우기 위한 다양한 활동을 지도하고 있습니다.

유혜지

[저자 소개]
1. 그림책 편집장
2. 교육강사
3. 웅진 공부방 교사

'아이들의 상상력은 무한하다'는 믿음을 바탕으로, 아이들의 마음속에 새롭고 따뜻한 이야기를 심어주고 있습니다. 앞으로도 아이들과 함께 성장하며, 그들의 눈높이에 맞는 교육과 감동적인 이야기로 많은 이들에게 영감을 줄 예정입니다.

가족의 추억을 잇는 힘

파란 조각
글.그림 박찬미
모든요일그림책

파란조각 (박찬미) 모든요일

여름날, 바다는 우리 가족을 하나로 이어주는 특별한 공간이었다. 뜨거운 태양 아래 반짝이는 파도, 발끝을 간질이던 바닷물, 돗자리에 둘러앉아 함께 먹던 수박 한 조각까지. 그 모든 순간이 '우리'라는 이름을 더 단단히 해주었다. 그때의 추억은 바다의 파란 물결처럼 내 안에 남아, 힘들 때마다 내 마음을 어루만지는 조각이 되었다.

그림책 『파란 조각』은 아이와 가족이 함께 바다를 방문하며 시작된다. 처음 바다를 본 아이의 눈에는 끝없이 펼쳐진 파란 물결이 마치 신비로운 마법처럼 보인다. 아이는 엄마의 손을 잡고 파도를 따라 뛰어다니고, 아빠와 함께 조개를 줍고, 형제들과 물놀이를 하며 웃음소리를 퍼뜨린다. 책의 페이지마다 바다의 풍경은 점점 더 생동감 있게 그려지며, 아이의 설렘과 가족의 사랑이 고스란히 전해졌다.

책의 대부분은 다양한 톤의 파란색으로 채워져 있다. 짙푸른 바다, 밝은 하늘, 물결 위에 비치는 빛 모두가 서로 다른 파란색의 조각처럼 그려진다. 이러한 파란색은 단순히 자연의 모습을 담는 것 이상으로, 가족 간의 연결, 추억의 깊이, 그리고 성장의 의미를 상징한다. 이렇게 추억은 시간을 초월해 우리를 지탱하는 힘이 될 수 있다는 점이다. 글에서 묘사된 가족의 추억은 단순히 과거의 기억으로 끝나지 않고, 힘든 순간마다 마음을 어루만지는 위로와 회복의 조각으로 작용한다. 이는 가족 간의 사랑이 시간과 공간을 넘어 우리에게 지속적인 영향을 미친다는 중요한 메시지를 전달 한다.

이 글을 통해, 나는 내 삶 속에서 어떤 '파란 조각'들이 있는지, 그리고 그 조각들이 현재의 나를 어떻게 형성했는지에 대해 생각해 보게 되었다. 가족과 함께 만든 추억은 단순한 과거의 한 부분이 아니라, 앞으로 나아가는 데 있어 나를 지탱하는 소중한 자원이 될 수 있음을 느끼게 된다. 또한 책은 아이의 시선에서 이야기를 전개한다. 아이의 시점에서 본 바다는 커다란 세상처럼 느껴지고, 물속에서 빛나는 작은 조개껍질 하나조차 소중한 발견으로 다가온다. 그림책은 이런 아이의 순수한 시선을 섬세하게 표현하여 독자도 아이와 함께 감탄과 기쁨을 느낄 수 있게 하였다.

내가 본 책의 중요한 포인트는 가족의 상호작용이다. 이야기 속에서 가족은 각자의 방식으로 아이와 연결된다. 엄마는 아이와 함께 바닷가를 거닐며 웃음을 나누고, 아빠는 작은 배를 함께 만들어 파도 위에 띄우며 이야기를 들려준다. 형제들은 아이와 함께 숨바꼭질을 하며 끝없이 웃음을 퍼뜨린다. 이러한 장면들은 그림책의 따뜻한 감정을 극대화 해준다.

 나는 조용히 바닷가에 앉아 모래를 만지며 어린 시절 가족과 쌓은 모래성을 떠올렸다. 물결이 밀려올 때마다 흩어졌던 모래성처럼, 나의 삶도 많은 변화를 겪었다. 학업, 직장, 새로운 도시에서의 생활 등 많은 것을 이뤘지만, 마음 한편에는 언제나 가족과 함께했던 그 바다의 파란 조각이 있었다.

 "그때의 파란 조각은 내가 더 나은 사람이 될 수 있는 용기와 위로를 줬다." 나는 바다를 바라보며 속삭였다. 그리고 주머니에서 조개껍질을 하나 꺼내 들었다. 그것은 어린 시절 바닷가에서 주운 것과 닮은 작은 조각이었다. 그 조개껍질을 손에 쥐며 어린 시절의 나와 다시 연결되다. 나는 집으로 돌아가 가족들에게 그날 주운 조개껍질을 선물하며 말했다. "이건 우리가 함께 했던 그날의 또 다른 파란 조각이야." 가족은 미소 지으며 그 조각을 바라보았다. 나의 조각은 시간이 흘러도 변하지 않는 가족의 사랑과 추억을 다시 한 번 일깨워 준다.

 파란 조각은 단순히 바다에서 보낸 하루를 넘어, 가족과 함께 나눈 사랑과 추억이 우리를 어떻게 지탱하는지 이야기한다. 아이가 느낀 설렘과 회상, 그리고 가족 간의 따뜻한 연결.

이 그림책은 가족이라는 주제 속에 성장, 사랑, 그리고 연결의 힘을 담아낸다.

책은 우리에게 묻는다. "당신의 파란 조각은 무엇인가요?" 그리고 그 조각들을 소중히 간직하라고 말한다. 그것들이야말로 우리가 삶을 살아가며 만나는 수많은 파도를 넘어설 수 있는 힘이 되기 때문이다. 우리는 모두 각자의 '파란 조각'을 가지고 있다. 그것은 가족과 함께 웃고 울었던 소중한 순간, 혹은 평범하지만 특별했던 하루일 수도 있다. "파란 조각"은 그러한 순간들이 단순히 과거에 머무는 것이 아니라, 현재의 나를 지탱하고 미래를 향해 나아갈 힘이 된다는 사실을 상기시킨다. 그것들이야말로 삶의 파도를 넘어설 수 있는 가장 강한 힘이자, 우리를 이어주는 사랑의 증거이다.

사랑은 떠나도, 기억은 영원히

뭉치와 나
글 알리시아 아코스타 그림 메르세 갈리
명랑한책방

뭉치와 나 (알리시아 아코스타) 명랑한책방

나에게 가족은 단순한 혈연적 관계 이상의 의미를 가진다. 가족과 함께한 시간들이 나를 만들어주었고, 그 기억들은 언제나 내 안에서 살아 숨 쉬며 나를 지탱해주고 있다. 가족이란, 사랑과 추억이 얽혀 있는 그물처럼 우리의 삶을 이어주는 중요한 존재들이다. 내가 살아온 길에서 그 누구보다도 중요한 존재들은 가족이었다.

이제 성인이 되어, 직장 생활과 일상의 많은 부분에서 혼자서 해결해야 할 일이 많아졌지만, 여전히 내가 힘들 때마다 찾게 되는 것은 그때 그 시절 가족과 함께했던 기억들이다. 그중에서 가장 강렬하게 떠오르는 것은, 지금 우리와 함께 함께 사는 강아지 '별이'와의 추억이다. 내가 힘들었을 때부터 별이는 항상 우리 가족의 중심에 있었고, 그 존재는 우리 가족을 하나로 묶어주는 중요한 역할을 했다. 별이와 함께 있으면 우리는 웃음이 끊이지 않았고, 그 사랑은 내 마음속 깊은 곳에 남아 지금도 나를 위로해준다.

그렇다면, 왜 『뭉치와 나』라는 그림책이 나에게 이렇게 큰 울림을 주었을까? 이 책은 강아지와의 이별을 그린 이야기지만, 사실 이 이야기는 단순한 강아지의 죽음에 관한 것이 아니다. 이 책을 읽고 나서 나는 비로소 강아지와의 이별이 내 삶에서 경험한 여러 가지 이별들과 연결될 수 있다는 것을 깨달았다. 나도 언젠가 가족과의 이별을 경험할 것이고, 그 또한 슬프고 아프겠지만, 받아들여야하는 현실이 될 것이다. 이 책에서 전하는 메시지는 매우 중요하다. 우리가 사랑했던 존재들은 우리가 기억하는 한 언제나 우리와 함께하며, 그 추억이 힘이 되어 준다는 것이다.

그림책 속 아이는 뭉치의 죽음 후, 슬픔에 빠져 혼자서 눈물을 흘리며 아파하지만, 결국 꿈 속에서 뭉치를 만나고 나서 그 추억이 살아남은 것을 깨닫는다. 그 깨달음은 내게도 큰 울림을 주었다. 나는 나만의 방식으로 그 추억을 삶 속에서 품고 있으며, 비록 지금은 뭉치가 곁에 없지만, 그 사랑은 여전히 마음속에 살아있는 것임을 알게 해준다. 나의 삶 속에서 가족과 함께한 순간들이 나에게 어떤 의미를 주었는지, 그 소중함을 알게 되었다. 그리고 '뭉치와 나'는 그 추억을 다시 한 번 되새기게 해주었다.

나의 삶은 끊임없이 변하고, 나는 새로운 환경에서 성장하며 살아가고 있다. 하지만 그 과정에서 언제나 내 마음속에 따뜻한 기억들이 존재한다. 그것은 바로 가족과 함께한 시간들이며, 그 속에서 나를 지탱해주는 사랑이다. 강아지와의 이별은 단지 하나의 상실을 의미하지 않는다. 그 상실을 통해 우리는 성장하고, 우리가 잃어버린 것들을 새로운 방식으로 품을 수 있는 방법을 배운다. 그 과정에서 나는 더욱 강해지고, 새로운 시작을 맞이할 준비 할 시간을 갖게 된다.

『쿵쿵이와 나』는 나에게 그 추억을 기억하게 하고, 사랑하는 존재를 잃는 것에 대한 두려움을 이해하는 기회를 주었다. 이 책은 단순히 어린이들에게만 필요한 위로가 아니다. 어른이 되어도, 여전히 우리는 삶에서 상실을 경험할 수밖에 없다. 그때마다 우리가 할 수 있는 일은, 그 존재를 기억하고, 그 사랑을 마음속에 간직하며, 그 추억을 통해 다시 일어서는 것이다.

그리고 나는 확신한다. 내가 가진 모든 사랑의 기억은 언젠가 나의 삶을 더 빛나게 할 것이며, 그 추억들이 지금 내 곁에 있는 가족들, 그리고 내 삶 속의 모든 존재들에게도 힘이 되어줄 것이다. 사랑하는 이들과의 추억은, 그들이 떠난 후에도 여전히 우리를 지탱하는 힘이 된다. 그렇기에 우리는 그들과의 이별을 슬프게만 생각하지 않고, 그들이 주었던 사랑을 바탕으로 살아가야 한다.

이제 별이와 함께했던 시간들은 내 삶의 소중한 조각이 되었다. 그 조각들을 가슴에 품고, 가족과 함께 만들어갈 새로운 추억들을 기대한다. "나의 뭉치"는 그 어떤 상실도 넘어설 수 있는 나의 큰 힘이 되어줄 것이다. 우리는 모두 인생에서 한 번쯤, 사랑하는 존재를 떠나 보내는 아픔을 겪는다. 그 아픔이 너무 커서 마음 한 구석에 그 자리를 채울 수 없을 것처럼 느껴질 때도 있지만, 시간이 지나며 그 아픔은 어느 순간 우리의 삶을 더 풍성하게 만드는 소중한 부분이 되기도 한다.

『쿵쿵이와 나』는 바로 그 아픔과 회복의 과정을, 아주 섬세하고 진지하게, 그러나 따뜻하고 차분하게 그려낸 책이다. 이 그림책은 아픔을 느끼는 아이의 마음을 그대로 담고 있다. 단순히 강아지와의 이별만을 다루고 있는 것이 아니다. 우리가 사랑하는 존재와의 이별이 주는 감정을 어린 아이의 시선을 통해 진심으로 공감할 수 있게 만들어 주고, 그 속에서 회복을 위한 희망과 위로를 찾을 수 있도록 이끌어 준다.

아이들은 슬픔을 이해하고, 그 슬픔을 표현하는 법을 배우기 시작한다. 그리고 그 슬픔이 결국에는 사랑으로 바뀌어 마음속에 남게 된다는 사실을 깨닫게 된다. 뭉치와의 추억을 간직하며, 결국 그 아이는 그 사랑이 언제나 자기 곁에 있다는 걸 알게 된다. 이 책을 읽으며 나는 무언가 중요한 교훈을 배

왔다. 우리가 상실을 경험할 때, 그 고통은 지나갈 수 있지만, 그 경험이 우리를 어떻게 만들어가는지가 중요하다는 것을 말이다. 그 아픔을 가슴에 품고, 그 속에서 우리는 더욱 성장하고, 사랑을 기억하게 된다. 이 그림책은 그 모든 과정을 진심으로, 그리고 감성적으로 보여준다.

『쿵쿵이와 나』는 슬픔을 완벽하게 극복하는 방법을 가르쳐주기보다는, 그 감정을 온전히 느끼고, 이를 표현하며 치유하는 과정을 보여준다. 그러므로 이 책을 읽는 사람은 누구나 자기 자신의 아픔을 마주할 수 있게 되고, 결국 그 슬픔을 품고 앞으로 나아갈 수 있는 용기를 얻을 것이다. 사랑하는 이와의 이별을 겪은 모든 이에게, 그 감정을 표현하는 것에 대한 용기와 치유의 메시지를 전해줄 것이다. 그리고 무엇보다, 그들의 마음에 소중한 존재가 언제나 함께 있다는 따뜻한 위로를 남겨줄 것이다.

이 그림책을 통해 나는 다시 한 번 깨달았다. 우리는 상실을 통해 더 사랑을 배우고, 그 사랑은 우리가 기억하는 한 언제나 우리와 함께 한다는 진리를요. 누구에게나 이 책이 꼭 필요할 거라고 생각한다. 이 세상 모든 슬픔과 그리움은 결국, 사랑으로 이어지는 길을 찾아가며, 그 끝에 우리는 다시 일어설 수 있을 것이다. 반려견이 가족이 되는 세상 안에서 가족을 떠나 보내는 상실과 애도를 따뜻하게 표현해 준 그림책이다.

사랑의 시간, 그리움의 마법

개미 요정의 선물
글.그림 신선미
창비

개미요정의 선물 (신선미) 창비

사춘기 시절, 나는 엄마에게 많은 상처를 주었다. 아픈 동생을 돌보느라 직장일 하느라 바쁘셨던 엄마는 늘 피곤해 보였고, 나는 그 사실을 알면서도 동생에 대한 미움과 엄마에 대한 서운함 때문에 그저 내 마음대로 행동했다. 동생의 아픔을 이해하기엔 내 마음은 너무 불안하고, 혼자서 감당하기 힘든 감정들이 내 안에서 폭발했다. 그래서 가끔은 엄마가 힘들어 보일 때마다 더 심하게 반항하거나, 말을 하지 않거나, 무시했다. 그때의 나는 엄마의 마음을 헤아릴 수 없었다.

고등학교를 졸업하고 대학에 진학하면서, 나는 점점 더 외로운 길을 걷게 되었다. 친구들을 잘못 만나고, 방황하면서 부모님께 더 많은 상처를 주었다. 때로는 무심히 떠나는 밤늦은 시간에 엄마와 아빠의 걱정 어린 눈빛을 무시하며 내가 원하는 대로만 살았다. 그때, 나는 부모님의 사랑을 당연하게 여겼고, 그 사랑이 얼마나 소중한지 알지 못했다.

20대 중반, 도피하듯 결혼을 결심했다. 그 선택은 내 인생에서 가장 중요한 결정 중 하나였지만, 그만큼 아프고 힘든 시간이 되었다. 결혼 후, 나는 모든 것이 변했음을 느꼈다. 부모님과의 거리가 멀어졌고, 그동안 감추고 싶었던 많은 감정들이 나를 힘들게 했다. 내 안의 혼란은 점점 더 커졌고, 결국 엄마의 사랑이 얼마나 절실하게 필요했는지 깨닫게 되었다.

그때, 나는 『개미 요정의 선물』을 만났다. 그림책의 이야기는 내가 겪은 것처럼, 과거의 시간으로 돌아가 그리운 사람과 만나는 이야기였다. 특히 '투명 장옷'을 입고, 시간을 되돌려 엄마와 할머니가 서로를 꼭 안아주는 장면은 내 마음에 깊은 울림을 주었다. 내가 그동안 엄마에게 상처를 주었던 순간들을 돌아보며, 엄마의 마음을 이해하기 시작했다. 그때까지 나는 엄마를 너무 몰랐고, 너무 늦게서야 그 사랑을 깨달았다. 엄마는 항상 나를 사랑하며 지켜주었지만, 나는 그 사랑을 제대로 받아들이지 않았다.

이 그림책에서, 엄마와 할머니의 사랑은 단순히 세대 간의 사랑이 아니라, 시간이 흘러도 여전히 이어지는 따뜻한 마음이다. 나 역시 그 사랑을 그리워하며, 이제는 그 사랑을 되돌려주고 싶어졌다. 내가 부모님께 상처를 주었던 그 시절을 돌아보며, 나는 그때의 나에게 "사랑은 이해하는 것이 아니라, 받는 것이 아니라, 주는 것이다"라는 메시지를 전하고 싶다. 그리고 내가 이제는 엄마에게, 가족에게 다가가고 싶다는 마음을 이 그림책을 통해 깨달았다.

『개미 요정의 선물』은 단순한 판타지가 아니다. 그것은 내가 되돌아가야 할 시간, 엄마의 마음을 다시 찾는 여정이었다. 과거의 그리움과 아픔을 담고 있는 이 책은 우리에게 시간이 지나도 그리운 사람들, 잃어버린 시간을 되돌릴 수 없지만, 그 마음을 새롭게 깨달을 수 있다는 용기를 준다. 그리운 사람에게 다가가고 싶은 마음, 그리고 그 사람을 다시 안아주고 싶은 마음을 담고 있는 이 그림책은, 내 인생의 큰 교훈이 되었다.

엄마와 나, 그리고 가족 간의 사랑은 시간이 지나도 결코 사라지지 않는다. 그 사랑은 우리의 마음 속에서, 우리의 기억 속에서 언제나 이어진다. 그 사랑을 잃어버리지 않도록, 그리고 그것을 나누는 법을 배워가는 여정이 나에게 중요한 의미가 되었다. 이 그림책은 내 삶에서 중요한 전환점이 되었고, 엄마와의 사랑을 되돌려주는 순간을 그려주었다. 지금, 나는 그때의 내가 그리워지는 마음을 이해하며, 다시 가족의 품으로 돌아가고 싶다.

그림책 속 한 장면이 떠오른다. 투명 장옷을 입고, 엄마와 할머니가 서로의 어린 시절을 되돌아보며 손을 맞잡고 마주 앉는 순간. 그 장면에서 나는 그들의 눈빛 속에서 세월의 깊이를 느꼈다. 시간이 흐르면서 점점 더 깊어지는 그리움과 사랑이 깃든 그 눈빛. 두 사람은 서로를 꼭 안아주며, 그간 쌓였던 말들이 이제야 풀리는 듯한 편안함을 느끼는 듯했다. 그런 순간이 내가 진심으로 원하는 순간이라는 생각이 들었다.

내가 그리운 건 바로 그런 시간이었음을 깨달았다. 시간이 지나면 누구나 부모님의 마음을 제대로 알게 된다. 그 마음을 알게 되는 순간, 내가 지나온 길이 아프게 느껴지고, 그동안 부모님에게 상처를 주었음을 알게 된다. 그리고 그런 생각이 떠오를 때마다 내 가슴 속에서 차오르는 감정은 죄책감과 그리움이었다. 하지만 그 죄책감도 시간이 지나면서 따뜻한 용서로 변해가고 있었다. 나도 부모님처럼, 지금은 나를 지키고 사랑하는 사람들에 대해 깊은 애정을 품고 있다는 것을 느끼면서.

나는 한때, 엄마가 내게 하지 못한 말을 기다렸다. 내가 상처받을 때 엄마의 위로를 듣고 싶었고, 그 마음을 온전히 받아들이고 싶었다. 그런데 나도 어쩌면 엄마에게 그 마음을 제대로 전하지 않았던 건 아닐까? 나는 언제나 엄마에게 다가가지 못하고, 그저 내 마음을 감추고 있었던 것 같다. 그때의 나는 엄마가 내 마음을 알게 해주기를 바랐다. 하지만 이제는 그 마음을 내가 먼저 전할 때가 되었다고 느낀다.

이 그림책에서 엄마와 할머니가 마법을 통해 서로의 어린 시절로 돌아가고, 그리움과 사랑을 나누는 장면을 보면서, 나는 내가 그동안 놓쳤던 시간들이 떠올랐다. 나는 그때 엄마와 나누지 못했던 사랑을, 이젠 내가 엄마에게 전할 수 있는 시간이라는 걸 깨닫게 되었다. 엄마가 나를 얼마나 깊이 사랑하는지, 내가 얼마나 엄마에게 상처를 주었는지. 그 진심을 온전히 받아들이는 시간이 될 것 같았다.

그런 감정을 안고, 나는 내 삶에서 다시 돌아보고 싶은 사람들에게 다가가고 싶어진다. 내가 놓친 그 시간, 그리운 사람들에게 다시 다가가고 싶다는 마음이 가슴 깊이에서 솟아오른다. 그때의 나에게도 이제는 다시 그 사람들에게 진심으로 다가갈 수 있는 용기를 주고 싶다.

우리가 지나온 시간 속에서 겪었던 아픔과 갈등도 결국은 사랑을 향한 깊은 욕구에서 비롯된다는 것이다. 가족 간의 사랑은 때로 말로 표현되지 않지만, 그 깊은 애정은 세월이 흐를수록 더 선명하게 느껴지곤 한다. 이 그림책을 통해 엄마와 할머니가 어린 시절로 돌아가 서로를 바라보는 모습처럼, 우리도 잠시 멈추어 뒤돌아보며 그동안 놓쳤던 사랑을 다시 찾을 수 있기를 바래본다.

　가족이란 결국 서로에게 가장 큰 힘이 되어주는 존재이다. 그 힘은 때로는 말없이, 때로는 그저 함께하는 순간 속에서 발견된다. 우리가 나누는 작은 순간들이 결국에는 가장 소중한 시간이 되지 않을까? 그런 사랑이 우리 삶 속에서 다시 꽃 피울 수 있도록, 오늘도 사랑을 더 많이 전하며 살아가길 바란다. 그림책 속의 마법처럼, 우리도 그리운 순간으로 돌아갈 수 있는 특별한 능력을 가질 수 있다. 마음 속 깊은 곳에서 진심을 전하고, 사랑을 나누는 것, 그것이 바로 우리가 가야 할 길이다.

함께라서 더 따뜻한 집 가족

폭풍이
글.그림 귀징
시공주니어

폭풍이 (귀징) 시공주니어

『폭풍이 : 영원한 집을 찾는 길 위에서의 만남』*의 이야기 속에서 떠돌이 개는 집을 찾기 위한 여정을 시작한다. 개는 마음의 문을 닫고 거리를 두었던 여자를 보며, 처음으로 마음을 열고 그녀의 뒤를 따르기로 결심한다. 떠돌이 개의 눈빛은 결코 자신이 원하는 것이 무엇인지 모르는 듯하지만, 그녀를 향한 불확실한 신뢰가 그를 움직이게 한다.

폭풍이(떠돌이 개)는 여자가 집을 나서는 모습을 멀리서 지켜본다. 폭풍이는 비바람을 피해 숨을 곳을 찾고 있지만, 어느 순간 마음을 다잡고 그녀의 뒤를 따른다. 이 장면에서는 폭풍이가 뒤를 따르면서 동시에 '집'에 대한 소망이 일어나는 순간이 그려진다. 그림책에서, 강아지가 어두운 하늘과 맞닿은 골목길을 걸으며 비 오는 날씨 속에서 홀로 서 있는 모습이 감성적으로 그려진다. 마치 떠돌이 개가 집을 찾기 위한 여정에 시작을 알리는 중요한 첫 걸음을 보여주는 장면이다.

강아지가 여자의 집 앞에 도착한다. 바람과 비가 세차게 몰아치는 가운데, 떠돌이 개는 굳게 닫힌 창문을 바라본다. 창문 너머로 여자가 집 안에서 조용히 있는 모습을 보며, 폭풍이는 다시 한 번 마음을 열고 집이라는 곳에 대한 소망을 간직한 채, 비바람 속에서 기다린다. 그림책의 특별한 연출이 돋보인다. 폭풍이가 비바람을 뚫고 창문을 향해 바라보는 모습이 강조되며, 비오는 풍경 속에서 그에게 다가오는 소망의 느낌이 시각적으로 잘 표현된다.

또 다른 장면은 여자가 밖으로 나가 폭풍이를 찾으러 공원으로 달려가지만, 그 자리에 폭풍이가 보이지 않자 여자는 실망한다. 그림책의 큰 전환점을 나타내며, 두 인물 간의 감정선을 잘 드러낸다. 여자가 폭풍이를 찾기 위해 비를 맞으며 길을 달리는 장면은 감정을 더욱 강하게 느낄 수 있는 순간이다. 비가 오는 풍경과 함께 여자의 얼굴에 드리운 걱정과 걱정의 눈빛이 그림책에 세밀하게 담겨 있다.

여자가 집으로 돌아오고, 그곳에서 결국 폭풍이와 마주한다. 둘은 처음으로 서로에게 다가가 서로를 마주 본다. 그들은 그간의 갈등과 상처를 뒤로한 채, 서로를 바라보며 따뜻한 눈빛을 교환한다. 이 장면에서 폭풍이는 처음으로 자신을 받아 들여준 사람과의 관계 속에서 '집'을 찾은 느낌을 주며, 여자는 폭풍이를 통해 비로소 자신의 집의 의미를 깨닫는다.

그림책의 이 장면에서는 부드러운 색조와 따뜻한 분위기가 강조되며, 둘의 만남과 감정 변화가 그림으로 섬세하게 드러

났다. 우리에게 큰 감동을 전하며, '집'이라는 개념이 단순히 물리적 공간이 아닌 사람들 간의 마음과 감정의 교류로 연결된다는 메시지를 전달한다.

고등학교 시절, 나는 정말 힘든 시간을 보내고 있었다. 집에서는 늘 엄마와의 갈등이 있었고, 학교에서도 친구들과 잘 어울리지 못해 외로움이 더 컸다. 집에 돌아오면 언제나 마음이 무겁고, 혼자라는 느낌에 사로잡혔다. 그런 나에게 마음을 나눌 사람도, 의지할 사람도 없었다.

그러던 어느 날, 엄마의 지인분이 태어난 지 3일된 강아지를 데려가라고 하셨다. 비가 내리던 날이었고, 그 강아지는 정말 아기처럼 부드럽고 작아서 일어나지도 못 한 채 나를 바라보았다. 그 모습이 너무 사랑스러워서 그날 집에 데려왔다. 나는 그 강아지를 '별이'라고 이름 지었고, 그 순간부터 별이는 내 삶에 중요한 존재가 되었다.

별이를 집에 데려오고 나서, 처음에는 어떻게 돌봐야 할지 몰라서 많이 서툴렀다. 하지만 그가 내 옆에 있으면, 내 마음 속에 조금씩 따뜻함이 스며드는 것 같았다. 혼자서 침대에 누워 있던 밤에도, 별이가 내 옆에서 코를 골며 자고 있는 모습을 보면 왠지 마음이 편해졌다. 매일 아침, 별이가 나를 기다리며 꼬리를 흔들던 모습도 정말 소중했다.

그러던 어느 날, 엄마와 큰 다툼이 있었다. 엄마는 내가 아무리 말을 해도 전혀 이해하지 못했고, 그날 나는 정말 화가 나서 집을 나가버렸다. 그때 별이가 내 뒤를 졸졸 따라왔고, 내가 멈춰서 앉자 옆에 와서 내 무릎 위에 머리를 올렸다. 그 작은 몸뚱이가 내 옆에서 이렇게 나를 위로하는 순간, 나는 그때까지 느껴본 적 없는 큰 위로를 받았다.

그 순간, 별이가 내게 가장 중요한 존재라는 것을 깨달았다. 나는 더 이상 외롭지 않았다. 혼자라고 느끼지 않았다.

별이가 내게 보여준 사랑은 말로 표현할 수 없는 큰 위로였다. 그 강아지는 내가 슬프거나 힘들 때마다, 다가와서 나를 위로했다. 내가 아무 말 없이 울 때도, 내 곁에서 그저 자리를 지키며 나를 지탱해주었다. 내가 처음으로 느낀 '집'의 의미는 바로 그때부터 시작되었다.

집이란 물리적인 공간이 아니라, 서로를 위하고 지지하는 사람들이나 존재들, 그 따뜻한 마음 속에 있다는 것을 깨달았다. 그리고 어느 날, 별이가 내게 찾아와서 그 작은 발로 내 손을 핥는 모습은 마치 "나는 항상 네 옆에 있을게"라는 말처럼 느껴졌다. 그때 나는 더 이상 방황하지 않았다.

내가 진정으로 찾고 있던 '집'은 외적인 공간이나 부모님과의 관계가 아닌, 나를 진심으로 받아주고 사랑해주는 존재들이 있는 곳임을 알게 되었다. 그 후로도 별이는 내 인생에서 가장 중요한 동반자가 되었고, 나는 그 강아지와 함께한 시간 동안 진정한 '가족'의 의미를 알게 되었다.

때때로 우리가 떠돌아다니고, 혼자라고 느낄 때도 있지만, 결국 우리는 누군가에게 의지하고, 그 의지가 서로를 더 강하게 만들어준다는 것을 깨달았다. 그 강아지는 나에게 '영원한 집'이 무엇인지 보여준 존재였다. 이 이야기와 그림책 속 떠돌이 개의 이야기를 통해, 집은 단순히 벽과 지붕이 있는 공간이 아니라, 서로를 기다리고, 이해하며, 사랑을 나누는 곳임을 알게 되었다.

별이와 나의 이야기는, 우리가 찾고 있는 진정한 '집'이 바로 그런 관계들 속에 있다는 것을 알려주고 있다. 내가 느낀 이 책은 전반적으로 '집'이라는 주제를 중심으로, 비로소 서로에게 마음을 열고 관계를 맺어가는 과정을 아름답게 그려내고 있다. 떠돌이 개와 여자의 이야기 속에서 우리들은 인간과 동물, 가족, 그리고 마음의 연결을 통해 진정한 '집'의 의미를 재발견하게 될 것이다.

사랑을 낳은 고양이: 예상치 못한 가족

삐약이 엄마
글.그림 백희나
스토리보물

삐약이 엄마 (백희나) 스토리보물

188 그림책으로 내 삶을 에세이하다 4

별이를 만나기 전까지 나는 집에서 반려동물을 키운 적이 없었다. 부모님은 늘 바쁘셨고, 그럴 여유도 없으셨기 때문에 내가 강아지나 고양이를 기르고 싶다고 말해도 언제나 "너무 번거로워," "책임감이 너무 클 거야," 라는 대답만 돌아왔다. 그래서 어릴 때부터 반려동물에 대한 동경은 있었지만, 실질적으로 가까이할 기회는 없다.

하지만 중고생이 되면서 반려동물에 대한 관심이 더욱 커졌다. 다양한 사람들이 자신의 반려동물을 자랑스러워하며 이야기하는 걸 보면, 그 사랑이 너무 부럽기도 했다. 그럼에도 불구하고 나는 반려동물을 키울 엄두가 나지 않았다. 책임감이 두려웠고, 내 일상 속에서 또 하나의 생명을 돌보는 일이 부담스럽게 느껴졌다.

어쩌면, 내가 다른 생명을 돌보는 것보다 나 자신을 먼저 돌보아야 한다는 생각이 컸기 때문인지도 모르겠다. 그런 나에게 『삐약이 엄마』의 이야기는 조금 다른 시각을 제공했다.

책 속에서 '니양이'라는 고양이는 자신이 예상치 못한 상황에서 병아리를 돌보게 된다. 이 과정에서 고양이는 당황하고 혼란스러워하지만, 점차적으로 병아리를 돌보며 그 존재를 받아들이고 사랑하게 된다. 처음에는 그저 '어떻게 해야 하지?'라는 생각뿐이었던 고양이가, 점점 병아리와의 관계를 통해 자신도 성장하고 변해가는 모습을 보여준다.

그 모습은 나에게 큰 울림을 주었다. 나처럼 반려동물을 키우지 않았던 사람들에게도, 이 책은 '책임감'을 떠나, 다른 생명과의 관계를 통해 얻는 감정의 소중함과, 그 사랑이 얼마나 풍요롭고 따뜻한지를 보여준다. 나 역시 그동안 반려동물에 대한 동경이 있었지만, 그저 관심만 가질 뿐, 실제로 나와 함께 살아갈 동반자를 떠올리기는 어려웠다.

하지만 '니양이'와 '삐약이'처럼, 사랑은 때로 예상치 못한 순간에 생기고, 그것은 누군가를 위해 살아간다는 감정을 이해하게 해다. 고양이가 병아리를 돌보며 점차적으로 감정을 쌓아가고, '삐약이'를 자신이 지켜야 할 존재로 여기는 순간을 보며, 나는 비로소 반려동물에 대해 다시 생각하게 되었다. 그저 기쁨을 주는 존재가 아니라, 나와 함께 성장하고, 서로 의지하며 살아가는 존재라는 것을.

이 이야기가 내가 느꼈던 감정들과 비슷한 점이 많았다. 내가 반려동물을 키우지 않았던 이유는 책임감 때문만이 아니라, 때로는 내 삶의 여유를 찾는 데 어려움을 느껴왔기 때문이다. 그러나 『삐약이 엄마』는 그런 부담감 대신, 함께 살아가는 존재로서의 아름다움을 부각시켜 주었고, 나도 언젠가는 누군가와 그런 특별한 관계를 맺고 싶다는 생각을 하게 되었다.

특히, 니양이와 삐약이가 서로 이름을 부르며, 그 존재를 인정하고 받아들이는 과정에서 내내 따뜻한 느낌이 들었다. 나는 그때 '가족'의 의미가 이처럼 단순하고 자연스럽게 형성되는 것이라는 생각을 했다. 서로의 존재를 이해하고 받아들이는 것, 그것이 바로 진정한 의미의 가족이 아닐까?

이 그림책은 그런 의미에서 나에게 큰 깨달음을 주었고, 지금 반려동물 별이를 키우는 것 처럼, 그저 나의 삶에 기쁨을 주는 존재가 아니라, 내가 함께 살아가는 가족이자 소중한 존재로 대해주어야겠다는 마음을 다졌다. 『삐약이 엄마』는 마음 깊이 울리는 이야기다. 이 이야기는 누군가와의 관계에서 진정한 사랑을 찾고, 그 사랑을 키워가며 함께 성장하는 과정을 보여준다.

나 역시 그동안 미처 놓쳤던 작은 소중함을 다시 한번 되돌아보게 되었고, 그 따뜻한 관계 속에서 나만의 가족을 만들어 가고 싶은 마음이 커졌다. 또한 백희나 작가는 독특한 그림체와 깊이 있는 감정을 표현하기 위해 다양한 기법을 사용했다. 『삐약이 엄마』에서 작가는 콩테 드로잉 기법을 통해 고양이와 병아리의 감정을 섬세하면서도 거침없이 그려냈다.

콩테 드로잉은 섬세하면서도 자연스러운 느낌을 주며, 캐릭터의 내면을 더욱 잘 표현할 수 있다. 백희나 작가는 이 기법을 통해 주인공인 '니양이'와 '삐약이'의 감정 변화를 사실감 있게 담아내며, 독자들에게 그들의 마음속 변화와 성장을 함께 느끼게 한다.

또한, 그녀는 종이의 질감과 색감에 신경을 많이 씁니다. 커버와 재킷은 크라프트 종이를 사용하여 자연스럽고 빈티지한 느낌을 주며, 고양이와 병아리의 감정을 조금 더 진지하게 전달하려고 했다. 이 독특한 재질과 색감은 이야기의 따뜻함과 온기를 더욱 강조하며, 독자에게 친숙하면서도 특별한 느낌을 선사한다.

'사랑'과 '가족'의 진정성에 대한 깊은 이야기다. 이 그림책은 주인공 '니양이'가 예상치 못한 상황에서 병아리 '삐약이'

를 낳고, 이를 통해 사랑이 어떻게 형성되고 성장할 수 있는지를 보여주므로 작가는 가족의 개념을 전통적인 혈연 관계나 유전적 연관성에서 벗어나, 서로를 존중하고 돌보며 살아가는 존재들로 확장했다.

"부모가 아니고, 인종이 다르고, 혈연이 아니라도 함께 모여 살며 서로 사랑한다면 충분히 완벽한 가족이다"라는 메시지는 이 책의 핵심이다. 비록 '니양이'는 고양이이고 '삐약이'는 병아리지만, 그들 사이의 관계는 혈연이 아닌 상호 이해와 사랑을 통해 단단해진다.

우리가 생각하는 '가족'의 정의를 확장하며, 실제로 가족이란 단순한 생물학적 관계가 아니라 서로가 서로를 부르고, 지지하고 사랑하는 존재들임을 알려준다. 결국 백희나 작가의 의도는 단순히 재미있는 이야기를 전달하는 것에 그치지 않고, 타자와의 관계에서 우리가 서로에게 얼마나 깊은 영향을 미칠 수 있는지에 대한 중요한 메시지를 전하려는 것이다.

이 책을 통해 독자들은 '가족'이라는 개념이 단순히 생물학적 관계를 넘어설 수 있다는 점을 깨닫게 된다. 우리는 주변의 사람들과, 혹은 동물들과도 깊은 정서적 연대감을 형성하고 그들을 돌보며 성장할 수 있다는 가능성을 엿볼 수 있다. 그리고 '가족'이라는 개념을 재정의하는 것이다.

작가는 길고양이와 병아리의 예상치 못한 만남을 통해, 우리가 고정된 이미지로만 생각할 수 있는 '가족'이라는 관계를 깨고, 사랑과 신뢰로 형성되는 관계가 진정한 가족이라는 메시지를 전한다. 고양이가 병아리를 돌보며 부모로서의 역할을 자각하고, 병아리 또한 고양이를 의지하며 새로운 가족이 되는 이 이야기는, 인간 사회에서도 중요한 교훈을 제공한다.

가족이란 단순히 혈연으로 이루어진 관계가 아니라, 서로를 지지하고, 함께 성장해 나가는 과정이다"라는 백희나 작가의 메시지는 깊은 울림을 준다.

에필로그

가족의 이야기로 이어지는 삶

 그림책은 끝났지만, 우리의 이야기는 계속됩니다.
 이 책을 통해 우리는 각자의 가족 이야기를 다시 들여다보고, 새로운 의미를 찾는 시간을 가졌습니다. 누군가는 추억의 따뜻함을 떠올렸을 것이고, 누군가는 아픔 속에서도 피어난 사랑을 발견했을지도 모릅니다.

 가족의 모습은 저마다 다릅니다. 엄마 없이 아빠와 단둘이 사는 아이, 조부모와 함께 사는 손주, 형제 없이 홀로 자라는 외동아이, 그리고 피 한 방울 섞이지 않았지만 서로를 가족이라 부르며 의지하는 사람들까지. 가족의 형태는 다를지라도, 그 안에 담긴 사랑과 애정은 다르지 않습니다.

어떤 이는 가족이 멀게 느껴질 때가 있었습니다. 함께 있는 것만으로는 채워지지 않는 허전함과 갈등 속에서 삶의 의미를 찾기 어려웠을지도 모릅니다. 그러나 시간이 흐르며, 서로를 이해하려는 작은 노력과 진심 어린 한마디가 우리를 연결해줍니다. 가족은 완벽하지 않지만, 불완전하기에 더 깊은 사랑을 배울 수 있는 공간이 됩니다.

저마다의 가족 이야기는 삶의 방향을 바꾸는 힘이 되기도 합니다. 사랑받고 있다는 확신은 우리를 더 나은 사람으로 성장하게 하고, 때로는 가족과의 갈등이 삶의 목적을 새롭게 찾는 계기가 되기도 합니다. 가족은 단순히 함께 살아가는 사람들이 아니라, 우리가 사랑을 배우고, 그 사랑을 세상에 전하는 시작점입니다.

이 책을 덮으며, 당신도 당신만의 가족 이야기를 떠올려보세요. 행복했던 순간들, 때론 고단했던 날들, 그리고 그 안에서 당신을 변화시켰던 소중한 기억들까지요. 아마도 그 기억들은 당신이 지금의 당신으로 성장하게 한 가장 따뜻한 힘이었을 것입니다.

다섯 명의 작가가 모여 만든 이 책은 끝이 아니라 새로운 시작입니다. 이 책이 당신의 마음에 작은 울림과 따뜻한 영감을 남겼다면, 그것만으로도 우리는 큰 보람을 느낍니다.

　가족은 우리 삶의 중심이자, 끝없이 변화하고 성장하는 이야기입니다. 당신의 가족 이야기가 앞으로도 계속되길 바라며, 우리는 또 다른 이야기로 당신을 찾아오겠습니다. 삶이라는 무대 위에서 펼쳐지는 당신만의 가족 이야기가 언제나 빛나기를 바랍니다.

참고 그림책

이은미
가족의 소중함과 서로를 이해하는 방법을 담은 다섯 편의 이야기를 통해, 사랑과 연대의 깊이를 느낄 수 있는 책.

「가족은 서로 닮아」 (장준영/ 천개의바람)
「달빛 조각」 (윤강미/ 창비)
「동행」 (우유수염/ 단비 어린이)
「하트방구」 (윤식이/ 소원나무)
「하얀 토끼네 가족」 (프란체스카 마스케로니/ 미래엔아이세움)

우경하
글을 쓰며 가족의 소중함과 감사함을 느끼다

「쿵쿵이와 나」 (프란체스카 신나/ 창비)
「우리 집에는 괴물이 우글우글」 (홍인순/ 보림출판사)
「아빠 자판기」 (조경희/ 노란돼지)
「폭풍이 지나가고」 (댄 야카리노/ 다봄)
「진정한 챔피언」 (파얌 에브라히미 / 다그림책)

이형
나를 비롯해 아름답고 따뜻한 세상이 되었으면 좋겠다는
생각으로 다양한 사회활동을 하는 두 아들을 둔 아빠

「사랑해 사랑해 우린 널 사랑해」 (이미애/ 처음주니어)

「파란 물고기의 하지마 하지마」 (차인우/ 김릴리 / 걸음동무)

「위를 봐요!」 (정진호 / 길벗어린이)

「어머니의 이슬털이」 (이원순 / 송은실 / 북극곰)

「놀라운 생일파티. 앗! 깜짝이야」 (최정현/ 정연문 / 꿈터)

김차순
사랑이란 꽃과 흙의 관계처럼 묵묵히 모든 것을 받아준다.
흙은 꽃에 아무것도 바라는 것이 없다. 엄마가 그랬고 나도 그랬다.
공기같은 존재 '나의 가족'이다.

「가족은 꼬옥 안아주는 거야」 (박은경/ 김이랑/ 웅진주니어)

「폭풍이 지나가고」 (댄 야키리노/ 다봄)

「엄마는 왜?」 (김명진/ 길벗어린이)

「솔이의 추석이야기」 (이억배/ 길벗어린이)

「엄마마중」 (이태준/ 김동성/ 보림)

「리디아의 정원」 (사라스투어트/ 데이비드 스몰/ 시공주니어)

「쿠키 한입의 사랑수업」
(에이미크루즈 로젠탈/ 제인다이어,브룩다이어/ 책읽는곰)

유혜지

이 이야기를 쓰면서, 가족이라는 울타리 안에서 서로를 이해하고 사랑하는 마음이 얼마나 중요한지 다시 한 번 깨달을 수 있었습니다.

「파란조각」 (박찬미/ 모든요일)
「뭉치와 나」 (알리시아 아코스타/ 명랑한책방)
「개미요정의 선물」 (신선미/ 창비)
「폭풍이」 (귀징/ 시공주니어)
「삐약이 엄마」 (백희나/ 스토리보물)